삼성의 결정은
왜 세계에서
제일 빠른가

SAMSUNG NO KETTEI WA NAZE SEKAI ICHI HAYAI NO KA
Copyright ⓒ Ryozo Yoshikawa 2011
First published in Japan in 2011
by KADOKAWA SHOTEN CO., LTD., Tokyo.
Korean translation rights arranged
with KADOKAWA SHOTEN CO., LTD., Tokyo
through Shinwon Agency Co.

이 책의 한국어판 저작권은 신원에이전시를 통한
저작권자와의 독점계약으로 중앙경제평론사에 있습니다. 신저작권법에 의해
한국 내에서 보호를 받는 저작물이므로 무단전재와 복제를 금합니다.

일본의 7대 기업을 따돌린 **삼성전자의 성공 비결**

삼성의 결정은
왜 세계에서
제일 빠른가

요시카와 료조 지음 | 엄예선 옮김

중앙경제평론사

[들어가며]

 2006년 이후 패널 TV 분야에서 삼성전자가 세계 1위의 시장 점유율을 자랑하고 있다. 게다가 삼성전자가 세계 최고의 시장 점유율을 자랑하는 제품은 패널 TV 이외에도 20품목이 넘는다.
 삼성전자의 영업이익은 2010년 1년만 놓고 보더라도 약 17조 3,000억 원(1조 2,800억 엔)에 이른다. 이에 반해 일본의 대형 전자 업체의 영업이익은 각각 수천억 엔 정도에 그친다. 8대 기업(파나소닉, 소니, 도시바, 히타치제작소, 후지, NEC, 미쓰비시전기, 샤프)의 2010년 3월의 영업이익 합계는 8,327억 엔으로 8대 기업의 수치를 모두 합해도 삼성전자에 미치지 못할 정도로 차이가 벌어졌다.

일본소비자 측면에서 본다면 삼성은 아시아의 이류 기업이라는 인상이 강하게 남아있는 것 같다. 실제로 1990년대 초반까지 삼성은 일본기업 따라잡기를 목표로 내세웠고 그 '모방'에 가까운 제품을 일본 제품보다 20% 싸게 판매하는 방침을 취했다.

그러나 이런 방식만으로는 세계를 상대로 경쟁할 수 없다고 판단한 삼성그룹의 이건희 회장은 '대혁명'을 선언하고, 그 후로 삼성은 변하기 시작했다. 이것이 바로 '프랑크푸르트 선언'이라고 불리는 혁명의 시작이다.

"아내와 자식만 빼고 다 바꿔라."

이 같은 말로 대표되는 대개혁은 1993년에 시작되었다. 그리고 같은 해, 나는 이건희 회장으로부터 한 통의 전화를 받았다. 개혁을 선언한 프랑크푸르트에서 걸려온 전화였다. 그 당시 통화에서 직접 '이 개혁을 도와 달라'는 의사를 듣고 1994년부터 2003년까지 삼성전자의 상무를 지냈다.

내가 의뢰를 받은 것은 CAD/CAM 시스템 도입과 운용 부문이었는데(CAD란 컴퓨터를 통해 설계 작업을 하는 것이고, CAM이란 컴퓨터로 제조하는 것을 말한다. CAD/CAM은 이 두 가지를 통합한 시스템의 총칭-옮긴이), 처음에는 한국에서 머무르는 기간이 길어봤자 1년 정도라고 생각했다.

그러나 당초 예상보다도 시스템 정비에 시간이 오래 걸린

점도 있어 결국 약 10년간 한국에서 머물게 되었다. 그리고 이 대개혁에 참가함으로써 이류 기업으로 치부되던 삼성이 세계적인 기업으로 성장해가는 변화를 몸소 체험할 수 있었다.

1993년에 이건희 회장이 이러한 선언을 한 것은 당시 삼성의 체질에 불만을 안고 있었을 뿐만 아니라 '세계적인 환경의 변화'를 민감하게 인식하고 있었기 때문이다. 그 변화는 2000년 무렵이 되서야 뚜렷이 나타났는데 이 사실만 놓고 보더라도 이건희 회장의 감각이 얼마나 민감했는지를 잘 알 수 있다. 2000년 무렵부터 세계의 산업 구조는 '세계화'에서 '글로벌화'로 크게 변했다. 이건희 회장은 1993년 그 당시 이러한 흐름을 간파했던 것이다.

이 책에서 지금부터 설명할 그 변화란 전 세계의 모든 기업이 삼성전자와 같은 개혁으로 '대응'하지 않으면 삼성을 뛰어넘을 수 없다고 생각될 정도로 엄청난 것이다. 그러나 일본기업은 이런 개혁에 전혀 대응하지 못한 것으로 보인다. 그뿐 아니라 큰 변화가 일어나고 있음을 눈치도 못 챘던 것 같다.

지금 일본 경제가 위기상황을 극복하지 못하고 있는 것도 여기에 가장 큰 원인이 있다고 할 수 있다. 리먼 사태, 엔고, 법인세율 문제…… 등, 일본의 위기상황의 원인으로 다양한 요인을 꼽을 수 있지만, 그 이전에 근본적인 문제로서 '시대의 변화'를 눈치 채지 못한 것이 무엇보다 가장 크다.

일본기업은 지금까지 자국 내 기업끼리 경쟁하며 '지난번에는 이겼지만, 이번에는 졌다'는 식으로 리그전을 계속해왔다고도 할 수 있으나, 지금은 전 세계의 기업을 상대로 한 '토너먼트전'으로 무대가 옮겨졌다. 리그전과는 달리 토너먼트전의 경우 한 번 지면 다음은 없다. 그러므로 망설이거나 상황을 살펴볼 여유 따위는 없다. 이 사실을 잘 인식하고 새로운 전투 방법을 모색하는 것이 모든 기업에 시급한 과제가 되고 있다.

이때 무엇보다 가장 중요한 것이 '의사결정 속도'이다. 일본에는 '돌다리도 두드려 보고 건너라'는 속담이 있듯이 신중함을 중요하게 여기는 풍조가 있지만 이제는 이러한 덕목이 통용되는 시대가 아니다. 한국 사람들은 썩은 다리라도 일단 건너고 건넌 뒤에는 그 다리를 부수는 기질을 가지고 있다.

또한 한국에는 '시작이 반이다'라는 속담이 있다. 일본에는 '백 리 길도 99리를 가야 반이다'라는 속담이 있는데 발상이 정반대라는 것을 알 수 있다.

두 속담 모두 깊은 뜻이 담겨있지만 '어찌 되었든 시작이 중요하다'는 한국인의 발상이 현재의 토너먼트전에 더 유리한 것은 틀림없는 사실이다.

'세계화 이후의 산업구조'에서는 이 정도의 속도감이 없다면 도저히 경쟁에서 이길 수 없다.

[차례]

삼성의 결정은 왜 세계에서 제일 빠른가

들어가며　4

[1] '빠른 의사결정' 없이 생존할 수 없는 시대 ······ 13

글로벌 전쟁은 '토너먼트전' ── 14
'업계재편'의 움직임 ── 17
무너져가는 다리를 일단 건너고 부수는 한국 ── 19
제조업의 글로벌화와 디지털화 ── 21
글로벌 브랜드가 된 삼성 ── 26
'속도'가 비즈니스를 제압한다 ── 29
아부다비 원전과 자케로니 JAPAN ── 30

[2] 의사결정 속도와 정보관리로 비즈니스를 제압한다! ······ 33

톱다운Top down보다 바톰업Bottom up ── 34
기술보다 애플리케이션 ── 37
중산층의식과 노선 변경 ── 38
한국인은 왜 성급한가? ── 40
사지 않는 복권은 당첨되지 않는다 ── 44
이건희 회장으로부터의 전화 ── 45
경쟁력 우위 시스템 ── 49
수평분업을 통한 '다품종 소량생산' ── 53
개발 기간을 단번에 단축한 '비주얼화' ── 55
'비주얼화'와 '디스플레이화' ── 57

[3] 삼성은 이렇게 세계를 제압했다 ······ 61

차원이 다른 휴대전화의 종류와 수 ─── 62
500엔짜리 장어덮밥과 3,000엔짜리 장어정식 ─── 64
'일본식 품질'과 '고비용 구조' ─── 65
'허용오차'와 '과잉품질' ─── 67
'재료비 감축노력'과 '뺄셈 방식'의 가격결정 ─── 70
인도 사람이 원하는 20만엔짜리 신차 ─── 73
'디자인 혁명'을 통해 글로벌 브랜드로! ─── 75
세계 각지로 뻗어 나가는 '지역전문가' ─── 78
기업 간 정보경쟁 ─── 81
뛰어난 한국식 마케팅 전략 ─── 82
손해 보고 이득 보는 CS 센터 ─── 83
'현지, 현지재료, 현지인'이 요구되는 글로벌 기업 ─── 85
'서서 먹는 우동가게 방식'의 글로벌 전략 ─── 87
리버스&포워드 엔지니어링 ─── 88
경쟁에서 이기기 위한 전략 ─── 90

[4] 위기 시의 리더와 조직의 역할 ······ 93

아내와 자식만 빼고 다 바꿔라 ─── 94
초췌해질 대로 초췌해진 재벌 오너 ─── 97
위기감만으로는 아무것도 변하지 않는다 ─── 99
생존을 건 사업매각과 원가절감 ─── 100
위기상황 시의 경영 철칙 ─── 103
'3PI 운동'이라 불리는 개혁 ─── 104
전략과 운영 ─── 108
전략은 구체적인 것이 아니라 추상적이어야 한다 ─── 110
본사와 사업장의 관계 ─── 113
삼성은 마쓰시타 고노스케의 정신을 이어받았다? ─── 115
쓰라린 고통 ─── 118

[5] 글로벌화 시대의 121
    '제조업'

   '제품'의 세계와 '제조'의 세계 ——— 122
   루이뷔통 비즈니스 ——— 124
   열린 제조업 ——— 126
   구글과 애플의 성공 ——— 129
   '소비의 본질'에 대한 고찰 ——— 133
   유기 EL과 전기자동차의 현주소 ——— 135
   10년 후를 내다보기 위한 정보수집 ——— 137

[6] 앞으로 일본이 141
    나아가야 할 길

   일본인의 '세 가지 오만' ——— 142
   위기상황을 초래한 마이너스 요인 ——— 144
   '외적 경쟁력'과 '내적 경쟁력' ——— 145
   일본기업의 무기와 경쟁력 ——— 148
   세계 각지에 상품을 팔기 위한 '기획개발' ——— 149
   내적 경쟁력을 활용한 인프라 사업 ——— 151
   '문화산업대국'과 생각하는 힘 ——— 153
   향후 10년을 위해 고뇌하는 창조경영 ——— 156
   일본의 미래와 의사결정 속도 ——— 158
   알껍데기는 스스로 깨야 한다 ——— 159

마치며   161

제
1
장

['빠른 의사결정' 없이
생존할 수 없는 시대]

글로벌 전쟁은 '토너먼트전'

세계의 산업구조는 '세계화'에서 '글로벌화'로 크게 변했다. 지금 일본경제는 위기상황에 처해 있다. 이런 변화를 깨닫고 세계화와 글로벌화의 차이를 이해하고 있는 사람이 적다는 것이야 말로 가장 큰 문제다.

물론 해외로 진출한 기업은 있다. 하지만 대부분의 기업이 비용감축을 위해 저렴한 인건비를 찾아 공장을 이전시키고 있는 것에 지나지 않는다. 해외에서 제품을 판매하는 경우를 살펴보더라도 일본에서 제조하여 유통하는 상품을 그대로 파는 것에 지나지 않는다. 이러한 행보를 보이고 있는 기업의 경영자는 '우리 회사는 글로벌 기업'이라며 기세등등하기 마련이지만 이런 의식을 가지고 있는 한 미래는 결코 밝지 않다. 이러한 기업은 '세계에서 경쟁하기 위한 진정한 글로벌화'가 무엇인지를 전혀 이해하지 못한다고 할 수 있다.

이 사실을 깨닫고 새로운 전략을 생각하여 실행한 한국은 위기상황을 극복하고 세계적인 성공을 거두었다. 한편, 이를 이해하지 못하고 아무것도 행동에 옮기지 못한 일본은 아직도 어두운 터널을 빠져나오지 못하고 있다.

어찌 되었든 일본이 아직도 생산거점으로밖에 생각하지 않는 신흥국을 '거대시장'으로 인식해야 한다는 사실을 잊어서는 안 된다. 그리고 그 시장에서는 그곳을 노리는 세계의 여러 기업이 '토너먼트전'을 반복하여 펼치고 있다.

토너먼트전에서는 한 번 지면 다음은 없다. 그럼에도 일본은 아직도 국내에서 리그전을 계속하는 것처럼 보인다. 국내기업끼리 경쟁하며 지난번에는 이겼지만 이번에는 졌다는 식으로 작은 우물 안에서 서로 경쟁하고 있는 것은 아닐까?

일본기업이 어려운 상황에 부닥치게 된 원인은 엔고나 높은 법인세율 때문이라는 목소리도 있지만 이 생각이 반드시 올바른 것은 아니다. 도요타자동차처럼 세계적인 기업이 엔고로 고전을 면치 못하고 있는 것은 사실이지만 중국이나 인도에 제품을 출하하는 부품업체 등의 경우에는 수출을 늘릴 기회라는 것 또한 사실이다. 그리고 법인세율을 낮출 경우 한국이나 중국기업이 지금과는 비교되지 않을 정도로 공격해 올 것이 틀림없다. 지금은 그나마 법인세율이 높아서 어떻게든 국내에서 리그전이라도 가능하다고 볼 수 있다. 그러나 이러한 방식은 통용될 수 없다. 경쟁에 임하는 의식 그 자체를 바꾸지 않으면 글로벌 경쟁에서 살아남지 못하기 때문이다.

1997년 터진 아시아 통화위기를 한국에서는 'IMF 위기'라고 한다. 경제가 악화 일로를 걷던 한국에서 IMF(국제통화기금)에 원조를 요청해서 결과적으로 IMF가 경제에 개입하면서 재벌구조가 해체되는 사태에 빠졌기 때문이다. 이 당시 상황은 '6·25 이후 가장 큰 국난'이라고 일컬어지고 있다. 그리고 위기에 직면했을 때 한국은 그때부터 일본경제 따라잡기를 그만두었다. 이 위기를 어떻게 극복해 나갈 것인지 진지하게 생각하고 그때까지 목표로 생각하던 일본기업의 방향성을 연구해 '일본과는 다른 길'로 나아가기로 결단을 내렸다. 이때 다시 한번 이건희 회장이 말한 '아내와 자식만 빼고 다 바꿔라'는 말이 주목받았다. 한국기업에서 이 결단은 방향의 큰 전환이 되었다.

삼성이나 한국기업이 일본 따라하기를 그만둔 이유는 일본기업이 산업구조의 글로벌화에 전혀 대응하지 못하고 있다는 사실을 알았기 때문이다. 당시에 일본기업은 신흥국을 지금보다 훨씬 단순한 생산거점으로밖에 여기지 않던 상황이었다. 이런 방식은 글로벌화 시대에 적합하지 않다는 사실을 한국기업은 깨달았던 것이다. 그리고 이때부터 한국은 신흥국에 공장을 짓는 것뿐만 아니라 지역마다 생산거점을 구축하기 시작했다. 신흥국을 단순한 공장으로 바라보는 것이 아니라 시장으로 인식하고 각 지역의 문화에 맞게 '지역 밀착형 제조업'을 펼칠 수 있도록 방향을 전환했다. 그 이유는 신흥국의 경제규모가 거대해지면서 세계경제는 세계경쟁으로 이행될 것이라는 점을 이해하고 있었기 때문이다. 그리고 세계를 상대로 하는 비즈니스는 리그전이 아닌 토너먼트전이라는 점도 이 시점에서 이미 파악하고 있었다고 볼 수 있다.

'업계재편'의 움직임

IMF 위기 이후 한국에서는 '빅딜'이라고 하는 경쟁사끼리의 경영통합이 추진되었다. 이와 같은 움직임도 이후의 토너먼트전에 유리하게 작용했다. 각 산업에서 여러 기업이 경쟁해봤자 국내 리그전이라는 제한된 수준에서 벗어날 수 없기 때문에 한국에서는 다양한 분야의 기업이 하나 또는 둘로 통합되었다.

자동차업체를 예로 들자면 한국의 여러 자동차회사가 현대자동차 하나로 통합되었는데(현대·기아 자동차 그룹) 이렇게 되면 무슨 일이든 이야기가 빠르게 진행된다. 예를 들어 일본 총리가 미국을 방문해 도요타자동차를 팔아달라고 부탁하면 닛산이나 혼다의 질타를 받게 되지만 한국에서는 이런 일이 일어날 리가 없다. 한국의 대통령은 전 세계 어느 나라를 방문하더라도 '현대자동차를 잘 부탁한다'고 말하면 된다.

　일본에서도 '업계재편'은 꼭 필요하다고 할 수 있다. 최근 일본 최대 철강업체인 신일본제철과 3위인 스미토모금속공업이 경영통합에 합의했다는 발표가 있었다. 한때 세계의 조강 생산량 1위를 차지하던 신일본제철은 중국의 바오강 철강그룹과 한국의 포스코에 추월당했다. 현재 경영통합 합의에 이르게 된 것은 신흥국을 중심으로 한 철강수요가 확대되고 있어서 세계 경쟁에서 이기기 위해서는 경영통합을 통한 기반 강화와 규모 확대가 필요하다는 판단 때문이다. 그러나 일본에서는 통합이 독점금지법에 저촉될 가능성이 높다. 그래서 일본정부는 일찍이 '일본기업이 성장하는 데 있어 통합은 하나의 방법이다. 공정거래위원회는 국가의 방향성을 이해하고 판단을 내리길 바란다'는 태도를 보여 왔다. 이 또한 일본경제의 현주소를 잘 대변해준다고 할 수 있다. 글로벌화 된 세계경제 속에서 일본기업이 얼마나 어려운 상황에 놓여있는지를 일본정부가 잘 이해하고 있었기에 신속히 견해를 발표할 수 있었다.

   철강뿐만 아니라 각 분야에서 경영통합을 추진 업계를 재편하는 방법을 고려해야 하는 시대가 되었다. 실제로 이 같은 방법의 실현 여부는 차치하더라도 우선은 세계 경쟁에 대한 인식을 바꾸는 일부터 시작해야 한다.

무너져가는 다리를 일단 건너고 부수는 한국

토너먼트전에서 가장 중요한 것은 '빨리 결정하는 것'이다. 상대가 어떻게 나올지 살펴보거나 상대보다 우세한지 열세한지 등을 따지고 있어서는 경쟁에서 이길 수 없다. 무엇보다 중요한 것은 '앞서 달리는 것'이다. 2등은 쓸모없다. 일본에는 '돌다리도 두드려 보고 건너라'는 속담이 있듯이 신중함을 중요하게 여기는 풍조가 있지만, 한국은 반대이다. 튼튼한 돌다리면 건너려고 하지 않는다. 이 다리를 건너도 바로 뒤에 두 번째 세 번째 선수가 쫓아오는 것을 알기 때문이다. 돌다리가 아닌 썩어가는 나무다리라도 건넌다. 이런 다리를 맨 처음으로 건너고 뒤돌아보았을 때에도 아직 다리가 무너지지 않았다면 그 다리를 쳐서 무너뜨리고 아무도 쫓아오지 못하게 한다. 이러한 사고방식 없이는 글로벌 전쟁에서 승자가 될 수 없다.

한 가전제품 매장에 업체가 상품을 팔러 왔다고 가정해 보자. 일본이라면 가전제품 매장에서 '이 상품은 어디 다른 매장에서도 팔고 있는 물건입니까? 다른 곳의 판매실적은 어떻습니까?' 하고 확인하는 경우가 대부분일 것이다. 무슨 일이든지 우선 실적을 확인하는 것이 철칙처럼 굳어져 있기 때문이다.

그러나 이러한 때일수록 정반대로 생각해야 된다. 다른 가전제품 매장에서 이미 판매실적을 올리고 있다면 이 상품을 도입할 가치는 없다고 봐야 한다. 경쟁매장 어디에서도 이 상품을 취급하지 않을 경우, 혹은 다른 국가에서는 팔고 있지만, 그 국가에서는 아직 아무도 취급하고 있지 않은 경우에야말로 해당 상품으로 비즈니스를 전개해야 한다. 삼성전자만 보더라도 '다른 회사에서 도입하고 있는 실적 있는 상품을 팔아달라'는 제안을 받아들이는 일은 한 번도 없었다.

일본에서 '실적을 만든 다음에 다시 오라'고 되돌려 보내는 것과는 전혀 다른 발상이다. '아무도 해본 적이 없기 때문에 내가 나선다.'

이익을 내기 위해, 그리고 승자가 되기 위해서는 이런 자세가 중요하다. 그래서 '빠른 결정'이 요구된다. 상품 개발이나 판매 전개에서 좀처럼 결단을 내리지 못하고 주저한다면, 그 사이에 누군가가 먼저 치고 나갈 것이다. 무엇보다 이런 상황을 피할 수 있는 신속함이야말로 글로벌 경쟁에서 요구되는 능력이다. 어떤 상황에도 우선 데이터부터 확인하는 자세는 앞으로 경쟁에서 통용되지 않을 것이다.

이런 부분에서 한국인은 정말로 철저하다. 실제로는 기회라고 볼 수 없는 일이라도 금세 기회라고 인식할 정도로 미개척 분야에서의 새로운 발견을 중시한다. 그리고 해당 분야에 진출해서 실패하더라도 왜 그런 결과가 나왔는지 반성하지 않는 것이 일반적이다. 과거를 돌이켜보는 것이 아니라 '긍정적으로 다음을 생각'하는 자세 때문이다. 한국인은 하나의 실패가 되풀이되는 것은 동일한 환경과 조건 아래에서의 일이라고 생각한다. 그리고 같은 환경과 조건이 주어질 일은 두 번 다시 없다는 신념을 가지고 있기 때문에 '같은 실패를 할 리가 없다'는 사고방식이 지배적이다.

오늘과 내일은 다르다. 한국인의 밑바탕에는 바로 이런 발상이 뿌리 깊게 자리 잡고 있다.

제조업의
글로벌화와 디지털화

세계화에서 글로벌화로의 변화는 어떻게 일어난 것인지에 관해서 간단히 되짚어 보겠다.

지금까지 일본에서는 해외 진출을 저렴한 인건비를 활용해 아시아나 남미의 신흥국으로 생산거점을 옮기는 것으로만 생각하고 있었다는 점에 대해서는 앞서 서술한 바 있다. 그러나 지금은 신흥국을 '소비 국가'로 봐야 하는 시대에 접어들었다.

눈부신 경제발전을 보이고 있는 브라질, 러시아, 인도, 중국은 각각 첫 글자를 따서 'BRICs'라고 불리고 있다. 이 단어가 처음 사용된 것은 2001년으로, 일반적인 용어로 자리 잡은 것은 2005년이었다. 그 당시 세계의 생산구조에 큰 변화가 일어났다.

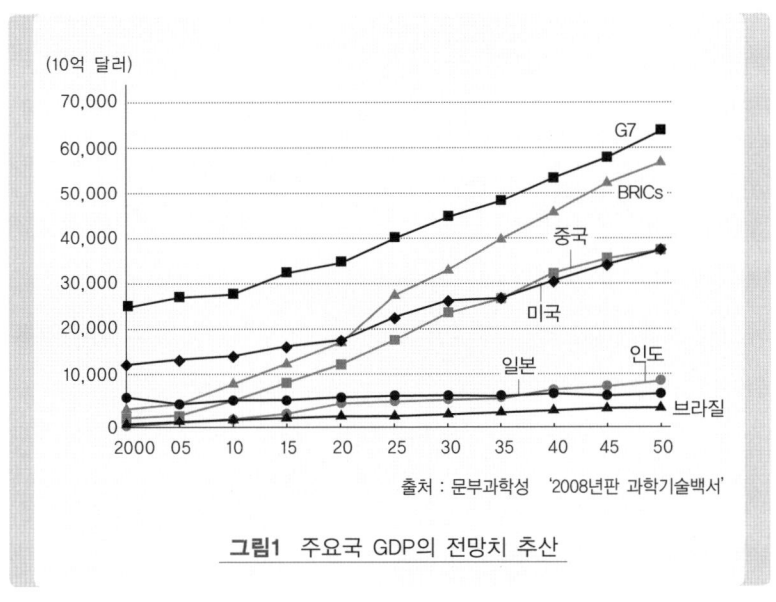

출처 : 문부과학성 '2008년판 과학기술백서'

그림1 주요국 GDP의 전망치 추산

BRICs는 국토 면적으로 따져보았을 때 세계의 약 30%, 인구로는 약 40%나 차지하는 거대 시장이다. 중국만 보더라도 인구는 미국의 4배 이상, 일본의 10배를 넘는다. BRICs의 무역

거래량과, 구매력의 전망에 대해 다양한 예측 수치들이 나오고 있는데, 경제 규모는 머지않아 선진국을 넘어설 것이라는 견해가 설득력을 얻고 있다.

이들 국가에서 아직도 저렴한 노동력만을 추구한다면 앞으로 어떻게 될까? BRICs를 포함한 신흥국을 단순히 비용을 억제할 수 있는 공장으로 바라보는 것이 아니라 장래성이 풍부한 거대시장으로 인식해야 한다. 이러한 인식을 바탕으로 비즈니스 전략을 수립해야 하는 기존의 '세계화'란 외국에 공장이나 거점을 두거나 외국의 기업에 투자하는 상황을 일컫는다. 이 단계에서는 외국에 공장을 두고 있더라도 제품은 현지의 요구와 상관없이 일본에서 입안 및 설계하여 제품을 만들고 값싼 노동력을 추구할 뿐이었다. 그러나 '세계화'의 바람이 불면서 상황이 바뀌었다. 유망한 시장으로 주목받는 지역에 공장이나 거점을 두고 '해당 국가의 문화에 맞는 지역 밀착형 제조업'을 전개하는 것이 해외 진출의 진정한 의미로 자리 잡게 되었다. '제조업의 세계화'는 급속히 진행되었는데 이런 움직임에 일본은 확실히 뒤처졌다.

또한 '제조업의 디지털화'가 진행된 것도 마침 같은 시기였다. 예전에는 제조업이 아날로그에 가깝다고 인식되었지만, 디지털화가 진행됨으로써 극적인 변화가 일어났다. 디지털화로 인해 '제품의 모듈화(개개의 부품이 아닌 표준화 된 부품들의 조합으로 개발이나 제조를 생각하는 발상)'가 진전되어 다양해진 요구사양에 대응한 '다품종 설계'가 더는 예전처럼 어려운 일이 아니라는 점에 우선 중요한 의미가 있다.

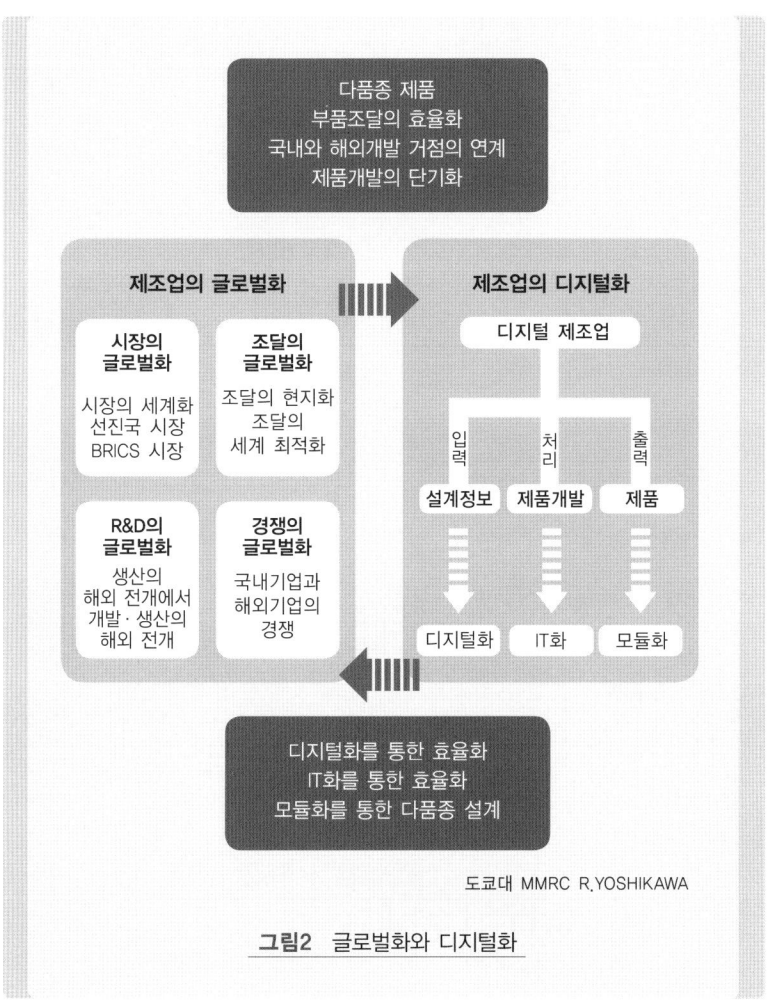

그림2　글로벌화와 디지털화

그리고 '제품개발의 IT', '설계정보의 디지털화'로 인해 효율화가 더욱 확대되었고 목적에 맞는 다양한 제품을 만들기 쉬운 환경이 정비되었다.

지금까지 업계를 주도해 오던 기업 뿐만 아니라 어느 국가의 어느 업체라도 기존에 비해 쉽게 첨단 상품을 만들 수 있게 되었다. 이와 함께 제조업의 글로벌화에 따른 상승효과가 있었다. 제조업의 디지털화라는 시대적 흐름을 타고 '시장', '인재', '조달', 'R&D(연구개발)', '경쟁'이라는 각각의 분야에서 글로벌화가 진행되었다.

신흥국을 단순한 생산거점으로 생각하는 것이 아니라 중요한 시장으로 인식하는 것이 '시장의 글로벌화'라는 발상이다. 신흥국에서 제품을 생산하려면 노동력뿐만 아니라 자재도 현지에서 조달해야 한다. 그리고 범세계적인 관점에서 인재를 채용하고 자재를 갖추는 것이 바로 '인재의 글로벌화'와 '조달의 글로벌화'이다.

그리고 일본에서 이미 판매되고 있는 제품을 그대로 신흥국에서 판매하는 것이 아니라 해당 국가의 수요에 맞는 제품을 제공하는 것이 중요하다. 이러한 이유로 신흥국을 위한 상품을 현지에서 고안하는 'R&D의 글로벌화'의 이점이 커졌다.

이렇게 세계 각지의 시장에서는 국내기업, 해외기업을 불문하고 경쟁을 벌이는 '경쟁의 글로벌화'가 진행되었다. 그러므로 재빨리 시장을 선점해서 주도하는 것이 중요한 시대가 되었다. 개발 프로세스에 차질이 생긴다는 등의 이유로 조금이라도 지체하면 그 시장에 참여할 기회가 아예 사라진다.

글로벌 브랜드가 된 삼성

이전보다 판단 속도가 더욱 중요해졌다. 신흥국에서 히트상품을 전 세계의 어느 기업보다 더 빨리 내놓을 수 있는지 여부가 중요한 관건이 되었다. 다른 기업보다 재빨리 히트상품을 내놓을 수 있다면, 그 제품을 만든 기업은 국가 브랜드가 될 수도 있다. 삼성이 바로 '국가 브랜드화'에 성공한 기업이다. 예를 들어 삼성은 세계 각지에서 휴대전화의 시장점유율을 확대해 왔는데 그때마다 '지역에 맞춘 세분화된 상품개발'을 실시했다.

다양한 측면에서 진화를 거듭한 일본의 휴대전화를 살펴보면 일반인, 그중에서도 신흥국 사람은 사용하지 않을 것 같은 기능도 많이 탑재되어 있다. 아무리 많은 기능이 있더라도 사용하지 않는 사람에게는 쓸데없는 기능일 뿐이다. 그래서 삼성은 각 지역마다 어떤 기능을 추구하는지 어떤 기능이 필요로 하는지를 면밀히 조사했다.

국가나 지역에 따라서는 일본에 없는 기능을 추가하는 경우도 있다. 삼성이 아닌 LG전자가 내놓은 상품을 살펴보면, 이슬람 국가를 겨냥해 만든 휴대전화에 메카의 방향을 나타내는 기능을 탑재한 이른바 '메카폰'이라고 불리며 큰 히트를 기록한 휴대폰이 있다. 이처럼 지역마다 필요 없는 기능은 제외하고 필요한 기능을 추가했다. 기능이 많아지면 가격이 올라가고 기능이 적으면 가격은 내려가기 때문에 가격 측면에서도 각 지역의 수요에 맞춘 것은 물론이다.

휴대전화뿐만 아니라 각종 제품에서 지역에 맞춘 상품개발 방식을 도입함으로써 신흥국뿐만 아니라 선진국에서도 시장점유율을 늘려나갈 수 있었다.

이후 삼성의 약진은 그야말로 대단해서 2006년에는 패널 TV 부문에서 세계 최고의 시장점유율을 차지하게 되었다. 그뿐만 아니라 현재는 20품목 이상의 부문에서 세계 최고의 시장점유율을 자랑하게 되었다. 이 책의 앞머리에서도 서술했듯이 2010년 삼성의 영업이익은 약 17조 3,000억 원(1조 2,800억 엔)에 이르고 일본의 8대 기업(파나소닉, 소니, 도시바, 히타치제작소, 후지쯔, NEC, 미쓰비시전기, 샤프)의 영업이익 합계도 삼성전자에 미치지 못할 정도로 차이가 벌어졌다.

이러한 상황을 인식하지 못하고 아직도 삼성은 아시아의 이류 업체라고 생각하는 사람이 있다면 아마 이 세상에서 일본인이 유일할 것이다.

		1위	2위	3위	4위	5위
AV	브라운관 TV	LG 20.9%	SAMSUNG 16.1%	SONY(일본) 7.4%	FUNAI(일본) 7.4%	SHARP(일본) 7.0%
	액정 TV	SAMSUNG 19.9%	SONY(일본) 18.3%	SHARP(일본) 16.3%	LG 16.0%	FUNAI(일본) 9.6%
	플라즈마 TV	Panasonic(일본) 31.9%	LG 20.1%	SAMSUNG 15.2%	PHILIPS(네덜란드) 10.5%	HITACHI(일본) 9.0%
	VTR	SAMSUNG 26.9%	SONY(일본) 17.1%	FUNAI(일본) 17.1%	JVC(일본) 13.9%	Panasonic(일본) 5.6%
	DVD 레코더	Panasonic(일본) 18.4%	LG 14.5%	SAMSUNG 12.7%	FUNAI(일본) 12.1%	SONY(일본) 11.1%
	디지털카메라	CANON(일본) 18.7%	SONY(일본) 15.8%	Kodak(미국) 10.0%	OLYMPUS(일본) 8.6%	SAMSUNG 7.8%
정보·통신	PC	DELL(미국) 17.1%	HP(미국) 17.0%	Lonovo(중국) 7.3%	Acer(대만) 5.9%	TOSHIBA(일본) 4.0%
	노트북	HP(미국) 19.7%	DELL(미국) 14.0%	Acer(대만) 11.8%	TOSHIBA(일본) 9.9%	Lonovo(중국) 7.5%
	휴대전화 (2007년도)	NOKIA(핀란드) 38.8%	SAMSUNG 14.3%	MOTO(미국) 14.1%	SEMC(일본·영국) 9.9%	LG 7.2%
백색가전	냉장고	LG 41.2%	SAMSUNG 15.9%	SANYO(일본) 9.7%	Panasonic(일본) 8.9%	SHARP(일본) 7.5%
	세탁기	LG 41.4%	SAMSUNG 19.5%	Panasonic(일본) 19.3%	HITACHI(일본) 6.5%	SHARP(일본) 5.6%
	에어컨	LG 37.1%	Panasonic(일본) 13.1%	SAMSUNG 13.0%	HITACHI(일본) 11.2%	SHARP(일본) 6.0%
	전자레인지	LG 37.1%	SAMSUNG 23.5%	SHARP(일본) 19.8%	Panasonic(일본) 12.2%	
	게임기	Microsoft(미국) 41.7%	Nintendo(일본) 41.0%	SONY(일본) 17.4%	――	――
반도체	DRAM	SAMSUNG 28.2%	Hynix 16.6%	Qimonda(독일) 15.7%	Micron(미국) 11.0%	ELPIDA(일본) 10.4%
	DAND형	SAMSUNG 45.4%	TOSHIBA(일본) 26.1%	Hynix 17.7%	RENESAS(일본) 4.8%	Micron(미국) 2.9%

참고: 미국 미스플레이리서치(노트북, 2007년 1월~6월), 미국 아이서플라이(반도체), 미국 가트너(휴대전화 단말기), 미국 DIC(디지털카메라, PC), 게임기는 닌텐도(Wii), 마이크로소프트(Xbox360), 소니(PS3) 3사의 누계 출하 대수 점유율, 기타 항목은 후지 카메라종합연구소 '2007 월드와이드 일렉트로닉스 시장 총 조사'.

출처: 산업구조심의회 정보경제 분과회(제19회) 자료 도쿄대 MMRC R.YOSHIKAWA

그림3 주요 제품의 세계시장 점유율(2006년)

'속도'가 비즈니스를 제압한다

다리 너머에 신흥국이라는 거대시장이 있다고 가정해 볼 때, 가령 다리가 무너지고있는 상황일지라도 누구보다 빨리 그 다리를 건너가지 않으면 안 된다. 건너지 않고 주변의 상황을 두리번 두리번 살피고만 있다가 뒤늦게 누군가가 다리를 건너갔다는 사실을 알아차린 후에야 다리를 건너면 어떻게 될까? 앞으로 나아가는 시점이 다른 기업과 같아진다. 세 개, 네 개, 열 개의 회사가 같은 시점에 신중하게 그 다리를 건너려고 하면 다리는 무게를 견디지 못하고 무너져 버리고 말 것이다.

한국인의 경우 오늘과 내일은 전혀 다르다는 사고방식을 가지고 있지만 일본인은 정반대이다. 내일도 내일모레도 오늘과 다르지 않기를 염원할 정도로 일본인은 변화를 싫어하는 보수적인 성향을 지니고 있다.

리그전에 이미 익숙해진 사람은 결정이 늦어지기 쉬운데 이래서는 토너먼트전에서 절대 이길 수 없다. 리그전에서는 이기는 것보다 우선 지지 않는 방법을 생각해야 하기 때문이다. 리그전에서 지지 않는 방법을 생각하기 위해서는 속도보다도 사전 협상이 필요하지만 토너먼트전에서는 그렇지 않다. 토너먼트전에서는 전 세계에서 벌어지는 경쟁에서 1등을 하지 않으면 이익이 나지 않기 때문이다. 그만큼 리그전과 토너먼트전의 차이는 크다.

아부다비 원전과
자케로니 JAPAN

2009년 12월 아랍에미리트에서 첫 원자력 발전소가 될 아부다비 원전 건설을 한국전력 컨소시엄이 수주하게 되어 합의 문서에 조인했다. 당시 일본과 프랑스가 경쟁하고 있었는데 뒤늦게 입찰에 참가한데다가 자력으로 원자력 발전소를 건설해 본 적도 없는 한국에 패하고 말았다. 한국전력 컨소시엄에는 한국전력 이외에도 현대건설, 삼성물산 등이 참여하고 있으며 이 두 기업의 높은 인지도가 아랍에미리트에서 수주를 따낸 이유 중 하나로 꼽히고 있다. 물론 한국에서 원전을 건설한 경험이 없다는 점은 아부다비에서도 우려했던 사항이다. 그러나 정말로 문제가 없는지 확인할 당시 한국은 '일본이 있으니 괜찮다'고 했다. 실제로 원자로를 도시바에 발주한 것에서 알 수 있듯이 도시바를 협력사로 끌어들여 비즈니스를 전개하고 있었다. 아부다비에는 4기의 원전이 건설되며, 건설비만 200억 달러에 달한다. 또한 60년의 원전 수명기간 동안 유지보수와 연료공급도 맡기 때문에 계약 총액은 400억 달러에 이른다고 한다. 이렇게 거대한 비즈니스를 놓치고 만 것도 토너먼트전에서의 패한 쓰라린 패전담의 일부에 불과하다.

　토너먼트전에서는 어떤 상황이라도 주저하는 것이 용납되지 않는다. 이기기 위해서는 수단을 가리지 않는 자세가 요구될 때도 있다. 바로 이때 큰 힘을 발휘하는 것이 결정력과 속도이다.

　말로는 '우리는 글로벌화에 대응하고 있다'고 스스로를 납득시키고 다른 사람에게는 변명만 늘어놓고 있으면 아무것도 시작되지 않는다. 빠른 의사결정으로 비즈니스를 제압할 수 있는지의 여부에 따라 상황이 좌우되는 시대가 되었다.

　2011년 일본 축구 국가대표는 아시아 컵 대회에서 우승을 거두어 큰 감동을 안겨주었다. 그룹 리그전 시합만 보더라도 새 감독인 알베르토 자케로니가 해낸 역할이 큰 것으로 보인다. 자케로니 감독은 시합의 흐름을 재빨리 파악하고 상황에 따라 망설임 없이 선수를 교체했다. 이와 같은 모습은 기존의 일본 대표 감독에게서는 흔히 볼 수 없는 모습이다. 현재의 상황을 파악하는 능력과 빠른 의사결정이 있었기에 리그전은 물론 결승 토너먼트전에서도 이길 수 있었다.

제 2 장

의사결정 속도와 정보관리로
비즈니스를 제압한다!

**톱다운보다
바톰업**

　　　　　　결정 속도가 무엇보다 중요한 시대로 접어들고 있는 가운데 '느린 의사결정'이 많은 일본기업에 치명적인 약점으로 작용하고 있다. 왜 이렇게 되었는지 이유는 여러 가지 있지만, 상부의 결정 없이는 아무것도 시작하지 못하는 톱다운 방식(상명 하달식)이 고착되고 있다는 점이 가장 크다고 할 수 있다. 톱다운 방식의 경우 일이 빨리 진행될 것으로 생각하는 사람도 있겠지만, 사실은 정반대이다. 경영자에게 판단을 맡기면 애당초 쓸모없다고도 할 수 있는 과거 실적 위주의 자료를 작성하기 위해 조사하는 일이 많아진다. 그리고 결정은 자료를 제출한 다음 임원회의에서 논의된 후에 나온다. 게다가 이 조사 자료를 작성하기 위해 몇 개월, 몇 년이라는 시간이 걸리는 경우가 많기 때문에 이런 식으로는 토너먼트전에서 이길 리가 없다. 시간을 들여 조사하는 동안 상황이 변하는 일도 허다하기 때문에 이때마다 다시 조사하게 되면 아무리 시간이 흘러도 계속 같은 작업을 반복할 수밖에 없다. 1회전에서 패할 뿐만 아니라 시합에 나가지도 못한 채 실격패하게 된다.

삼성은 글로벌화의 대처방안에 대해 6개월 이상을 들여 논의를 거듭했는데 이는 결코 헛된 시간이 아니었다. 논의를 통해 2000년 이후 톱다운 방식을 버리고 바톰업 방식으로 전환하기로 했다.

3장에서 다시 설명하겠지만, 삼성그룹의 리더인 이건희 회장은 미래의 방향성만을 제시하고 이를 위한 세부 방안에 대해서는 모두 아래 사람들에게 맡기고 있다. 그 결과, 그룹 내의 의사결정이 매우 빨라졌다.

이건희 회장은 삼성 대개혁을 단행했을 때 100년 후의 방향성까지 제시했다. 하지만 3년 후의 매출 설정에 대해서는 아무런 언급도 없었다. 단기 실적이나 세부적인 사항은 모두 부하들에게 맡기기 때문이다. 이건희 회장이 최종 결정을 하더라도 그 때문에 시간이 지체되는 일은 없다.

일본기업의 경우 세부적인 사항부터 대국적인 일까지 상부의 지시를 기다리다 늦어지는 경우가 자주 발생한다. 이러한 시간 손실을 줄이는 것은 글로벌화 된 현대사회에 매우 중요하다. 리더는 어느 정도 여유를 가지고 조직의 방향성을 제시하고 미래에 나아가야 할 길에서 벗어났을 때에만 궤도를 수정하면 된다.

이에 반해 일본은 극단적으로 말하면 결정만 하는 것은 나쁘다고 생각하는 측면이 있는 것처럼 느껴진다. 단순히 결정만 내리게 되면 상층부의 역할이 거기에서 그치기 때문에 이 후에는 할 수 있는 일이 없어지고, 부결도 지시도 할 수 없다는 강박관념에 사로잡혀있는지도 모른다. 혹은 오늘 결정을 내려도 내일이면 상황이 변할 수도 있다는 점을 우려하여 결정을 미루고 있는 부분도 있을 것이다. 이런 모습들이 뒤처짐을 낳았고 현재 치명적인 약점이 되고 있다.

세계화에서 글로벌화로 이행되고 있는 가운데 '시장', '인재', '조달', 'R&D(연구개발)', '경쟁' 등 이 모든 것의 글로벌화에 대해 생각해야 한다는 점은 앞서 서술한 바 있다. 이러한 길로 나아가기 위해서는 우선 조직의 방향성을 재정립하고 의사결정 방식을 바꿔 나가야 한다. 그럼에도 불구하고 이러한 부분에 손도 대지 않으려고 하면 경쟁에 참가할 자격조차 얻지 못하게 된다. 새로운 분야로 진출할 때에도 처음부터 모든 것을 미리 결정해 둘 필요는 없다. 발걸음을 내딛기 전에 멈추어 서서 생각에 잠기는 것이 아니라 '달리면서 생각하는 것', 이것이 바로 글로벌화 시대에 요구되는 자세이다.

기술보다 애플리케이션

현재 일본기업은 속도의 소중함을 지나치게 경시하는 경향이 있다.

일본이 보유하고 있는 '기술'의 우수성은 이제와서 두말할 필요도 없지만 기술을 추구하는데 치우쳐 있다. 좀 더 쉽게 설명하자면 애플리케이션(해당 기술을 사용하는 응용 분야)을 고려하지 않고 새로운 기술 개발에만 집중하는 것도 문제점으로 꼽을 수 있다.

예를 들어 발광 다이오드(LED) 연구가 진행되던 시절에는 상품화 방안에 대해 모색하는 것을 뒤로 미루는 측면이 있었다. 그러나 한국은 정반대로 이러한 기술이 개발되었다는 사실을 알게 되면 그 누구보다도 빨리 애플리케이션에 활용하는 방법을 강구한다. LED가 처음 개발되었을 때 액정 디스플레이의 백라이트로 활용하는 것이 좋겠다고 판단하고 재빨리 상품화에 착수해 세계적인 성공을 거둔 것이 좋은 사례이다.

이렇듯 LED를 개발하는 기술보다도 이 기술의 활용방안에 대한 기술과 발상, 그리고 결정력을 갖춘 업체와 벤처기업이 성장하는 사회가 바로 글로벌화가 진행된 사회의 모습이다.

기술은 '개발설계(과학기술)'와 '양산설계(산업기술)'로 나누어 생각해 볼 수 있다. 일본은 특히 개발설계 분야에 강한데 20년, 30년의 시간을 들여 플라즈마와 액정 등의 기술을 개발해 왔다. 삼성은 일본이 기술을 제품화에 성공한 후에 후발주자로 참여했지만 양산설계 부문은 이제 일본을 능가하게 되었다.

물론 개발설계 부문은 아직 삼성이 일본의 수준에 미치지 못하는 것이 사실이다. 그러나 요즘 같은 시대에는 모든 개발을 독자적으로 수행할 필요가 없어졌다는 사실을 잊어서는 안 된다. 제품의 모듈화가 그 흐름을 주도해왔지만 이제는 기술 그 자체의 개발보다도 기술을 얼마나 신속하고 적절하게 활용할 수 있는지가 중요해지고 있다. 아무리 새롭거나 우수한 기술을 개발한 기업이나 개인이라도 이를 어떤 방식으로 시장에 재빨리 도입할지 고려하지 않는다면 승자가 될 수 없는 시대가 되었다.

중산층의식과 노선 변경

OECD(경제협력개발기구)의 국제학업성취도 평가(PISA)에서 일본이 각 분야에서 5위부터 9위 안에 든다는 결과가 나왔을 때 한 뉴스 프로그램에서 '중간 정도의 성적을 거두는 학생은 자신의 성적에 안주해 향상심이나 개혁의식이 낮아진다'는 해설을 들은 적이 있다.

일본에서는 전후의 고도 경제 성장기에 '1억 총 중류(일본 인구의 대다수가 중산층일 만큼 빈부격차가 적고 국민이 중산층의식을 지녔던 시대-옮긴이)'의식이 확산되었는데, 여기에 학력문제를 대입해 보면 위의 해설과 같은 견해를 얻을 수 있다.

중산층의식이 생기면서 강한 향상심을 잃어버린것은 아닐까? 더 높이 올라갈 수도 있다는 사실은 인정하면서도 그럭저럭 먹고 살만해지자 현재 상황에 만족해 경쟁심을 잃고 만 것이다. 미국 따라잡기에 급급했던 시절에는 이런 방법에 문제가 없었다. 그러나 상황이 바뀌면서 일본은 추진력을 잃었다는 견해가 나오고 있는데 이 또한 마찬가지로 해석할 수 있다.

전후의 폐허를 딛고 일어서 더 높은 꿈을 향해 필사적으로 허리띠를 졸라매던 시절에는 눈부신 발전을 거듭할 수 있었다. 하지만 예상보다도 더 큰 성과를 얻자 지금까지 필사적으로 노력하던 모습을 잃어버렸다고 해도 과언이 아니다.

그러나 일본이 이 무렵부터 미국과의 경쟁에서 계속 승리를 거두었다고 생각하는 것은 오산이다. 1980년대 일본제품이 세계 최고로 인식되기 시작했을 무렵 미국은 중대한 결단을 내렸다. 미국은 제조업의 하드웨어 부문에서 일본과 경쟁하지 않기로 했다. 그리고 소프트웨어 부문에서 승부하기로 발상을 전환하면서 마이크로소프트와 구글 같은 신흥 기업이 태동하게 되었다. 이것은 미국이 일본과의 승부에서 패한 것을 의미하는 것이 아니다. 미국은 자발적으로 전략을 전환하는 '노선 변경'을 단행했다. 현재와 미래의 산업구조와 국제경쟁의 판도를 간파하고 이에 맞는 경쟁방식을 선택한 셈이다.

개인이나 특정 기업의 판단만으로 결정할 수 있는 사안은 아니지만, 이런 면에서도 '결단력'과 '결정력'의 속도가 정말 중요하기 마련이다.

한국에서도 마찬가지로 IMF 위기에 직면했을 때 일본경제 따라잡기를 그만두고 독자적인 길을 걷기 시작했는데 이 또한 노선 변경에 해당한다. 관점에 따라서는 일본은 미국이나 한국과의 경주에서 승리를 거둔 것이 아니라 판단과 결단을 내리지 못하고 망설이는 사이에 뒤처지고 말았다고 볼 수도 있다.

한국인은 왜 성급한가?

일본인이 현상유지를 위해 노력하는 경향이 있는데 반해 한국인은 본질적으로 결정 속도에 무게중심을 두는 성향이 강한 이유는 무엇일까?

이 질문의 답으로는 역사적, 지정학적인 이유를 꼽을 수 있다. 국토 면적이 일본의 4분의 1에 지나지 않는 한국은 역사적으로 살펴보더라도 중국이나 일본으로부터의 침략 가능성이 늘 존재했다. 지금도 북한이 언제 공격해 올지 모르는 위험이 상존한다. 이러한 배경 때문에 이씨 왕조(이조)가 들어선 이후 현재에 이르기까지 한국인에게는 '오늘 정할 일은 오늘 정한다', '내일로 미루지 않는다'는 사고방식이 DNA에 내재되어 있는 것은 아닌가 한다.

요즘 같은 세상에서는 달리면서 생각하는 자세가 요구된다고 앞서 서술한 바 있는데 한국인의 대부분이 이러한 특성을 선천적으로 지니고 있는 듯하다.

'시작이 반이다'라는 속담에서도 이러한 사고방식을 잘 알 수 있다. 치밀한 계획을 세우는데 시간을 들이는 것이 아니라 우선 할지 안 할지를 결정한다. 철저하게 논의하는데 들이는 시간을 줄이고 어떠한 일이든지 신속하게 결정해서 앞으로 나아간다.

의무병역 제도가 존재하기 때문에 대부분의 성인 남성이 군대에 다녀온 경험이 있는 점도 이러한 특성을 더욱 강화시키는지도 모른다. 군대조직에서는 의사결정을 빨리 내리고 상사의 명령에 따라 신속하게 행동해야만 한다. 이러한 훈련을 받은 사람들의 거의 대부분이 제대 후에는 비즈니스 현장에 몸담게 된다.

이와 같은 특성은 때에 따라서는 극단적인 행동으로 표출되는 경우도 있기 때문에 폐해를 낳기도 한다. 가령 한국인은 회의 중에 '지금 제안된 방식으로 실패할 가능성은 없는가?'에 대해서 검토하는 경우가 거의 없다. '만일 결과가 나쁘면 방향을 전환하면 된다'는 사고방식이 뿌리 깊기 때문이다.

이런 성향에는 당연히 부정적인 측면도 있다. 하지만 결과가 어떻게 될지 생각하지 않기 때문에 오히려 결정을 빨리 내릴 수 있다. 삼성의 경이적인 성장을 보더라도 빠른 결정 속도는 부정적인 측면을 메우고도 남을 만한 이득을 가져다주었다고 할 수 있다.

생각해 보면 오랜 시간을 들여 실패 가능성이 적은 방식을 도출했다고 하더라도 이를 실행에 옮겼을 때에는 예상하고 있던 것과는 다른 환경이나 조건이 주어지는 경우도 흔히 있다.

한국기업이 약진할 수 있었던 이유를 살펴보면 본받아야 할 점도 있지만 그렇지 않은 부분도 있다. 실패를 고려하지 않고 일단 시작하는 점도 양면성을 지니는 단적인 예라고 할 수 있다. 그러나 어느 한 측면만을 보아서는 전체의 좋고 나쁨을 가릴 수 없다.

한국인의 특성으로 꼽을 수 있는 점이 한 가지 더 있다. 바로 한국인은 이익을 추구하는 것에 거리낌이 없다는 점이다. 한국의 경영자들에게 '당신은 무엇을 위해 회사를 세웠습니까?'라고 물으면 거의 예외 없이 '돈을 벌기 위해서'라고 대답한다. 일본인에게 같은 질문을 던지면 반드시 '사회에 공헌하고 싶기 때문'이라는 식의 대답이 돌아온다. 이 같은 대답이 진심인지 명분인지는 알 수 없다. 다만 일본에서는 이익을 추구하기 위해 전력을 다하는 것이 긍정적으로 인식되지 않는 부분이 확실히 존재한다. 마음속으로는 돈 버는 것을 첫 번째 목표로 삼고 있다고 하더라도 이를 떳떳하게 말하지 못하는 분위기가 있어 입 밖에 내지 못 하는 사람이 많다.

그러나 같은 상황에서 한국인은 떳떳하게 말한다. '무엇을 위해 일하는가?'라는 질문을 받으면 왜 그런 질문을 하는지 이해할 수 없다는 표정으로 '그야 물론 돈을 벌기 위해서'라는 식으로 대답한다. 이렇게 목표 의식이 명확하므로 기회를 포착한 순간 재빨리 잡는 자세가 나온다. 썩은 다리라도 건너고 건넌 후에는 다리를 부수는 것도 철저히 이익을 챙기는 기질 때문이다.

한국인의 이러한 성향뿐만 아니라 일본인의 성향도 지정학적인 관점에서 풀이할 수 있다. 일본은 지금까지 GHQ(연합군 최고 사령부)의 지배하에 놓인 적은 있어도 다른 나라의 침략을 당한 일은 없다. 이 때문에 아무리 경제 위기가 닥쳐도 10년 후, 20년 후, 30년 후에도 국가가 존속될 것이라는 자신감을 가지고 있다고 생각할 수도 있다. 또한 쇼토쿠태자 시대 이후 중국과 한반도를 통해 대륙의 문화를 전수받았다. 이러한 '수용의 역사' 때문에 일본인은 남에게 가르침을 받는 것에 익숙하다고 할 수 있다.

사지 않는 복권은 당첨되지 않는다

한 분야의 선구자가 된다고 해서 성공이 보장되지는 않는다. 가능성은 상황에 따라 다르다. 이러한 상황은 복권을 사지 말지 결정할 때와 일맥상통한다. 선구자가 성공을 거둘 확률이 10분의 1이 될지 몇백 분의 1이 될지는 상황에 따라 전혀 다르다. 복권의 1등 당첨확률처럼 1,000만 분의 1의 수치일 수도 있다. 다만 확실히 말할 수 있는 것은 사지 않은 복권은 영원히 당첨되지 않는다는 점이다. 그러나 복권을 산다면 비록 1,000만 분의 1, 1억 분의 1의 확률이라도 당첨 가능성이 있다는 것이다.

이익을 추구할 때는 아주 약간의 가능성을 위해서라도 위험을 감수하고 앞으로 나아가야만 할 때도 있다. 신속한 결정력이 주는 최대 장점은 해당 분야에서 첫 번째 주자가 될 수 있다는 점이다.

만일 하도급으로 만족할 수 있다면 두 번째 주자라도 크게 상관없지만 이익을 추구한다면 첫 번째가 되어야만 한다.

1. 가장 앞서 나가는 자만이 경쟁에서 이길 수 있다.
2. 두 번째 주자는 한 발 늦어진다.
3. 세 번째부터는 이익이 나지 않는다.

이것이 전 세계적으로 통용되는 사고방식이다.

산업구조의 글로벌화가 진행되면서 이런 구분은 이전보다도 더욱 엄격해지고 있다. 지금까지와 마찬가지로 '즉시 결정하는 것과 동떨어진 톱다운 방식'을 고집하면 어느 시장에서든 시장점유율 확보에 실패하고 기존의 점유율마저 한발 앞선 기업에 빼앗기고 마는 상황이 될 것이다.

그렇다고 삼성의 진출을 무턱대고 복권 구매와 비교해서는 안 된다. 삼성은 일찍이 정보수집과 분석에 힘을 기울였고, 이러한 노력은 지금도 계속되고 있다. 이런 토대가 바탕이 될 때야 비로소 그 진가를 발휘할 수 있다.

이건희 회장으로부터의 전화

정보수집과 정보축적을 어떻게 추진하면 좋을지가 중요한 과제가 되고 있다. 이 시스템이 제대로 갖추어져 있어야지만 다양한 전략을 수립할 수 있기 때문이다. 요즘처럼 IT화가 진행된 시대에는 이러한 조건에 따라 1

등이 될지 2등으로 만족해야 할지 갈리는 것이 당연하다. 마음먹기에 따라 다르겠지만 이외에도 시대의 흐름에 따라 최신기술을 활용한 정보관리 능력이 글로벌화가 진행된 시대에 경쟁에 임하는 기업에 생명선 같은 역할을 한다.

이건희 회장이 나에게 개혁을 도와달라고 먼저 제안한 것도 틀림없이 이 같은 사실을 잘 알고 있었기 때문일 것이다.

내가 아직 일본고칸(현 JFE홀딩스)에서 CAD 시스템 개발에 종사하던 1993년 6월, 집으로 한 통의 전화가 걸려왔다. 상대는 '삼성전자에서 전화 드렸다'며 유창한 일본어를 구사하며 말문을 열었다.

그 이전에 한 번 만난 적은 있지만, 설마 이건희 회장으로부터 직접 전화를 받게 될 것이라고는 상상하지도 못한 일이었다. "삼성전자 누구시죠?"하고 되묻자, "이건희 회장입니다"라는 대답이 돌아와 매우 놀랐다.

그 시절 한국은 재벌이 경제성장을 주도하고 있었는데 그 중에서도 현대, 금성(LG), 대우가 막강한 힘을 가지고 있었다. 당시 삼성은 한국에서 재벌 서열 두 번째에 이름을 올리고 있었기에 실질적 오너인 이건희 회장으로부터 사전 예고도 없이 집으로 전화가 걸려올 것이라고는 꿈에도 생각하지 못했다.

처음 이건희 회장을 만난 것은 전화를 받기 5년 반 전인 1987년 11월이었다. 삼성의 2대째 회장으로 취임한 직후 한 인물을 통해 'CAD에 대해 알려 달라'는 이야기를 듣고 도쿄의 한 호텔에서 이야기를 나눈 적이 딱 한 번 있었다. 그 당시 나는 히타치제작소에서 CAD 시스템 개발을 하고 있었는데 일반적으로 아직 CAD가 무엇인지 사람들이 잘 모르던 시절이었다. 일본기업도 CAD 시스템을 도입한 곳이 거의 없던 시절이었다. 그 시절부터 이건희 회장은 CAD에 주목했고, 조기도입을 고려하고 있었다는 뜻이다. 이러한 점만 보더라도 정보 관련 시스템이 얼마나 중요한 의미가 있는지 이미 잘 이해하고 있었다는 사실을 알 수 있다.

이건희 회장은 1987년에도 '우리 회사의 CAD 시스템 도입과 운영에 대해서 꼭 협조해 달라'고 했지만, 결국 당시에는 실현되지 못했다.

첫 만남 이후 1년 뒤인 1988년 11월, 삼성 측의 초대로 한국을 방문했다. 때마침 서울 올림픽이 끝난 직후였다. 이때 안내받은 연구소에서는 CAD 시스템을 위한 최신식 설비를 갖추고 있었지만 이를 제대로 운영할 만한 수준은 아니었다. 그리고 당시 삼성이 자랑하던 공장도 견학했는데 설계실 같은 공간도 제각각 흩어져있는 상태로 관리다운 관리가 전혀 이루어지지 않은 상태였다. 그 당시의 삼성은 후일 세계에서 이름을 떨치리라고는 생각할 수도 없는 중견업체였다.

현장이 이래서야 CAD 시스템 도입은 불가능하다는 사실을 전하고 협조 요청을 거절한 뒤 일본으로 돌아갔다. 그 후 히타치제작소에서 일본고칸으로 옮겨 새로운 일을 시작하였다.

갑자기 그로부터 4년 남짓한 세월이 흐른 뒤 전화가 걸려왔다. 이건희 회장은 내가 서울에서 협조 요청을 거절한 사실을 보고받지 못하다가 그룹의 대개혁에 착수하려고 했을 때 알게 되었다고 한다. 그래서 한국을 방문했을 때 연락을 주고받았던 담당자에게 연락처를 물어 직접 전화를 걸었다고 한다. 이건희 회장과 인사를 주고받은 후 자세한 용건에 대해서는 전화를 바꾼 비서에게서 들었다. 비서는 '회장님은 삼성을 개혁해 나갈 생각이다. 이와 관련해서 일본 삼성 사장과 부사장을 한 번 만나 달라'는 요청을 전했다.

나중에 알게된 사실이지만 이 전화는 이건희 회장이 '프랑크푸르트 선언'이라고 불리는 삼성 그룹의 대개혁에 나섰을 때 걸려온 전화였다. 이건희 회장은 내가 첫 요청을 거절했다는 사실을 프랑크푸르트에서 알게 되었는데 이 전화 또한 프랑크푸르트에서 걸려온 것이라는 점을 보면 결단과 행동 모두 신속하다는 것을 알 수 있다.

이건희 회장의 전화를 받은 다음 날 일본 삼성 사장과 부사장을 만나 삼성의 개혁을 도와달라는 요청을 또 한 번 받았.

그러나 나는 일본고칸의 책임자로 CAD 시스템 개발에 종사하고 있었기 때문에 이 제안을 수락하는 것은 현실적으로 불가능했다. 다만 이와 비슷한 시기에 일본경제의 거품이 꺼지면서 신규사업을 축소하려는 움직임이 있었고 이러한 사정으로 일본고칸의 CAD 사업을 삼성과 공동으로 개발하는 방안을 모색하게 되었다. 이후 여러 우여곡절을 겪은 후 공동개발의 이야기가 진행되어 나는 삼성으로 일자리를 옮기게 되었다.

때는 바야흐로 1994년 8월이었다. 그 당시에는 6개월에서 1년 정도면 자신의 역할을 충분히 다할 수 있을 것이라고 생각했지만, 결국 나는 2003년까지 10년 가까이 한국에서 지내게 되었다.

경쟁력 우위 시스템

삼성의 해외진출을 견인하고 약진의 원동력이 된 것은 프랑크푸르트 선언이 계기가 되어 추진되었던 '3PI 운동'이었다.

'퍼스널 이노베이션(의식 혁신)', '프로세스 이노베이션(과정 혁신)', '프로덕트 이노베이션(제품 혁신)'의 앞글자를 따서 '3PI 운동'이라고 불렀는데, 이 중에서 내가 직접 담당한 프로세스 이노베이션은 삼성의 발전에 많은 역할을 했다.

이 개혁은 제품개발과 생산 등 모든 프로세스에서 효율성을 향상시키기 위해서 추진되었다. 삼성은 이때부터 CAD/CAM

(Computer-Aided Design&Computer-Aided Manufacturing)의 도입을 비롯해 적극적으로 IT를 활용하는 새로운 시스템을 구축하기 시작했다. 아주 간단하게 설명하면 CAD란 컴퓨터를 통해 설계 작업을 하는 것이고, CAM은 컴퓨터를 통해 제조하는 것을 말한다. CAD/CAM이란 이 두 가지를 통합한 시스템의 통칭이다. 직장을 옮겼을 당시 삼성은 비록 CAD/CAM을 도입하더라도 도무지 이를 사용할 수 있는 환경이 아니었다. 당초 예상보다 훨씬 오래 한국에 머무르게 된 것도 바로 이 때문이었다.

CAD/CAM을 도입하기 전 단계로 개발 프로세스와 생산 프로세스를 처음부터 다시 정비해야만 했다. 구체적으로는 우선 부품코드를 통일하고 표준화하는 작업과 함께 PDM(Product Data Management)을 구축하기 시작했다. 당시에는 사업장마다 사용하던 부품코드가 제각각이었기 때문에 개발 프로세스와 생산 프로세스를 개선하는데 코드를 통일하는 작업부터 시작할 필요가 있었다.

PDM이란 설계와 개발에 관련된 모든 정보를 일괄적으로 관리하는 것으로 공정의 효율성을 높이고 공정기간을 단축하는 정보시스템을 말한다. 1994년부터 구축하기 시작한 이 시스템은 2년 뒤인 1996년에 완성되었다. 이 시스템은 삼성의 S자를 앞머리에 붙여 'SPDM'이라고 불렀다. SPDM은 매년 업그레이드되고 있으며 지금도 진화를 거듭하고 있다.

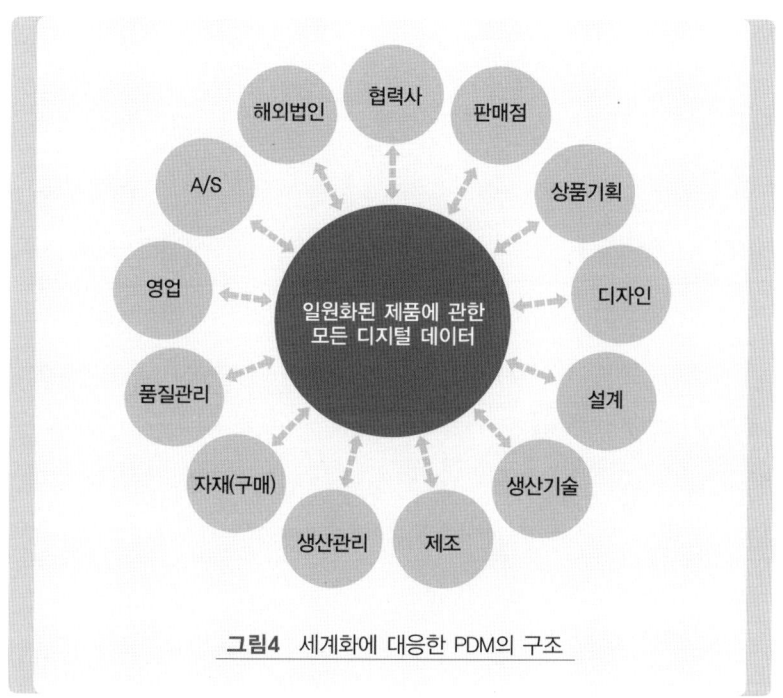

그림4 세계화에 대응한 PDM의 구조

　전문서가 아니므로 기술적인 부분에 관한 설명은 생략하겠지만, 이 시스템이 구축됨으로써 같은 목표를 위해 여러 사람이 개별적으로 수행하던 작업을 동시 병렬적으로 진행할 수 있게 되었다. 하나의 제품을 여러 부분으로 나누어 다수의 설계자가 병행해서 작업을 추진하는 것을 '팀 설계'라고 하고, 상품기획, 디자인, 설계, 제조, 생산관리, 자재와 품질관리, 영업, 애프터서비스 등 서로 다른 부분의 사람들이 동시에 개발을 진행하는 기법을 '동시 병행 개발'이라고 부른다. 두 기법이 성립하기 위해서는 PDM이 구축되어 있어야 한다.

상품기획에서 양산까지의 프로세스가 정비된 것은 1998년이었는데, 이 시기는 삼성이 일본 따라하기를 그만두고 일본기업과 경쟁하면서도 한 편으로는 신흥시장에 진출하려고 결단을 내린 시기와 맞아떨어진다.

이러한 프로세스 이노베이션이 구축되어 '디지털 제조업'의 이점을 최대한으로 살릴 수 있게 된 것도 삼성이 약진하는 큰 원동력이 되었다. 이로써 삼성은 이전보다 훨씬 짧은 시간 안에 상품을 개발할 수 있게 되었다. 그 이전까지 삼성은 어떤 제품을 세상에 출시할 때마다 선행업체보다 훨씬 뒤처지는 경우가 많았는데 이러한 패턴이 역전되었다.

또한, 비용구조 개선을 포함한 제조공정의 효율화를 추진함으로써 아무리 저렴한 제품을 제조하여 판매해도 이익이 나는 체질로 개선되었다.

이처럼 '다품종 소량생산'을 구현한 것은 신흥시장으로 진출하는 데 있어 매우 중요한 역할을 했다. 이로써 각양각색의 각국 소비자의 수요에 대응할 수 있게 되었고 이를 통해 경쟁에서 우위를 점하게 되었다.

수평분업을 통한 '다품종 소량생산'

삼성이 추진한 개혁을 알기 쉽게 설명하기 위해 나는 '닭 꼬치 방식(수직통합)에서 생선회 방식(수평분업)으로의 전환'이라는 표현을 사용한 적이 있었다.

닭 꼬치는 꽂힌 순서대로 앞에서부터 닭고기, 파, 두 번째 닭고기 순으로 먹게 되는데 과거의 상품개발 방식도 이와 같았다. 즉 예전에는 상품기획⇨디자인⇨기능설계⇨생산표준처럼 하나하나의 공정을 끝내고 나서 다음 공정을 시작하는 식으로 순서대로 작업을 진행했다. 따라서 새로운 제품을 만들어 내기까지 상당한 시간이 소요되었다.

그러나 프로세스 이노베이션을 달성함으로써 생선회 방식으로 바뀌었다. 수많은 종류의 회가 한 접시에 담겨 나오는 생선회는 참치를 먼저 먹어야 할지, 혹은 오징어를 먼저 먹어야 할지 순서가 정해져 있지 않다. 좋아하는 것부터 먹으면 된다. 또 생선회를 먹을 때는 참치만, 오징어만 먹어야 한다는 규칙도 없다. 이것을 먹다 저것을 먹어도 상관없듯이 작업도 병렬적으로 진행할 수 있다. 이로인해 상품개발에 소요되는 시간이 큰 폭으로 단축된다.

닭 꼬치 방식은 아날로그 시대의 제조업이고, 생선회 방식은 디지털 시대의 제조업이다. 이 두 방식은 속도 측면에서 크게 다르다. 글로벌화가 진행된 경쟁구도에서는 변화에 제대로 대처했는가에 따라 시장의 지배력에 큰 차이를 낳는다.

어느 날은 내가 생선회 방식이라는 표현을 사용하자 '이런 식의 동시 병행 개발이라면 일본기업도 도입하고 있다'는 식으로 말하는 사람을 본 적이 있다. 앞에서도 서술한 바 있지만, 동시 병행 개발이란 기획, 설계, 생산 등 각 공정을 동시에 병행해서 추진하는 것을 의미하기 때문에 말하고자 하는 바는 확실히 유사하다. 그러나 이 때 가장 중요한 것은 진정한 '수평분업화'를 통해 작업이 이루어지고 있는가이다.

개발·생산·판매를 사내에서 독자적으로 수행하는 수직통합형은 대량생산에 적합하다. 그러나 수직통합형의 경우, 조금이라도 사양이 변경되면 다시 처음부터 작업해야 하는 경우가 대부분이다. 이 같은 상황에도 처음부터 작업할 필요가 없을 정도로 업무를 분담하고, 사양변경 등의 요구사항에 따라 신속하게 조합을 변경하는 구조가 정착되어 있는지가 관건이다.

모든 과정을 사내에서 해결하려는 것이 아니라, 디자인은 유럽에 발주하고 생산은 대만에 맡기는 등의 방법으로 철저하게 효율화를 우선시해서 작업을 분리하는 것이 이상적이다. 수직통합형은 초기 단계나 요구사항이 변경될 때 이야기가 지연되는 경우가 대부분이다. 그러나 수평분업을 통해 각자가 자신의 역할에만 책임을 지면 이러한 시간 손실을 줄일 수 있다.

개발 프로세스를 구상할 때도 어떻게 '신속히 의사 결정을 내릴 것인가'에 대해 고려해야 한다. 글로벌화가 진행된 경쟁구도에서는 신흥국의 새로운 시장을 얼마나 신속하게 공략하느냐가 중요한 요소이다.

물건이 귀했던 20세기에는 같은 규격의 제품을 대량으로 생산하면 그만이었지만 지금 요구되는 것은 이러한 방식이 아니다. 수평분업을 통한 '다품종 소량생산'이 경쟁에서 이기기 위한 절대적인 무기인 셈이다.

개발 기간을 단번에 단축한 '비주얼화'

삼성에서는 더 나아가 PDM을 발전시켜 나가는 과정에서 '비주얼화'의 개념을 고려했다. '비주얼화'란 상품기획, 디자인, 설계, 제조, 생산관리, 자재와 품질관리, 자재와 영업, 애프터서비스 등을 담당하는 각 부서는 물론 외국사업장과 부품업체에 이르기까지 제품에 종사하는 모든 사람이 필요할 때 모든 관련 정보를 볼 수 있는 상태로 만드는 것을 뜻한다. 이는 단기간에 효율성을 향상시키는 데 많은 도움이 되었다.

예를 들어 한 특수부품을 제조하려면 범용부품보다 시간이 훨씬 많이 걸린다. 설계도면을 보고 개발·제조에 착수하는 특수부품은 납품까지 수개월이나 걸리는 사례도 드물지 않다. 설계도가 완성되고 나서 발주하는 경우라면 더더욱 시간이 걸리기 때문에 해당 특수부품이 납품되기까지 오래 기다려야 한다.

그러나 어떤 특수부품이 언제 필요한지 조금이라도 빨리 알고 부품업체와도 이러한 정보를 공유하게 된다면 상황은 크게 달라진다.

그래서 외부 부품업체라도 정식 수주 전에 정보를 공유하는 것이 바로 '비주얼화'이다. 물론 모든 하청업체와 정보를 공유하는 것이 아니라 신뢰할 수 있는 협력사에 국한된 이야기이다. 이를 통해 업체는 설계도가 완성될 때까지 기다리지 않고 준비할 수 있다. 이와 같은 방식으로 삼성은 개발 기간을 단숨에 단축할 수 있었다.

일각에서는 중간에 설계가 변경된 경우에 앞선 작업이 헛된 일이 되는 것이 아니냐는 우려도 존재한다. 그러나 실제로는 설계도가 변경되더라도 거의 대부분은 사양변경에 해당하기 때문에 사용할 예정이었던 특수부품이 아예 쓸모없어지는 경우는 없다. 따라서 부품업체가 개발 정보를 확인하면서 선행작업을 하면 문제는 발생하지 않는다.

이 '비주얼화' 시스템은 신뢰할 수 있는 업체라고해서 모든 정보를 공개하는 것은 아니다. 각 역할에 따라 필요한 정보만을 공개하고 불필요한 정보에 대해서는 접근권한을 제한했다. 이러한 부분을 소홀히 여기지 않아야 시스템을 유용하게 활용할 수 있다.

'비주얼화'와 '디스플레이화'

글로벌화가 진행된 지금 앞서 언급한 방식으로 IT를 활용하는 것이 필수불가결한 일이 되었다.

예를 들어 한 기업이 세계 각지에 다섯 개의 본사를 두고 있고, 100개 이상의 공장을 거느리며, 종업원 수가 4,000명에 육박하는 규모로 성장했다고 했을 때, 정보를 공유하기 위해서라도 IT가 절대적으로 필요하다.

우리는 흔히 IT 툴이라고 말하지만 툴이 아닌 시스템으로 인식해야만 한다. 툴(도구)이라고 하면 특정 전문가가 사용하는 전문적인 기구나 소프트웨어를 떠올리기 쉽지만, 사실 그렇지 않다. 정보시스템은 전 세계로 뻗어 나가는 그룹 내에서 곳곳에 자리 잡고 있는 혈관과도 같다. 이때 흐르는 피가 정보이며 기업 내에서는 정상적인 순환이 이루어져야 한다.

하나 더 추가하면 '비주얼화'와 '디스플레이화'를 구별해서 생각하는 것이 중요하다. '비주얼화'란 필요한 정보를 언제나 볼 수 있도록 하는 것을 말한다. 한 편 '디스플레이화'는 그 정보가 상대방에게 보다 유익한 가치를 지니도록 가공하는 것을 말한다. 예를 들어 '비주얼화'의 경우 주가에 관한 데이터를 제시할 수 있을 만큼 나열하는 경우를 꼽을 수 있다. 아무 때나 해당 데이터를 볼 수 있으면 편리하기는 하지만, 이 데이터에서 의미 있는 정보를 추출할 수 있는지는 개인에 따라 다르다. 그래서 주가 데이터를 꺾은선 그래프로 만들고 여러 다른 데이터와의 관련성을 알기 쉽게 시각화한다. 바로 이와 같은 방식이 '디스플레이화'이다.

나는 삼성에서 '비주얼화'와 '디스플레이화'를 구분하여 제시하는 시스템 구축을 추진했다. 일본에서는 근래에 들어서야 '비주얼화'의 추진을 시작하는 것 같은데 '디스플레이화'는 아직 시도조차 해 본 적이 없다고 해도 과언이 아니다.

단순히 수치를 나열하듯이 정보를 공개해서 보여줘도 이를 스스로 분석해서 유용하게 활용하는 사람은 극히 일부에 지나지 않는다.

또한, 유용하게 이용한다고 해도 그 사람의 판단까지 파악할 수 없으며 그 판단이 다른 사람의 판단과 일치하는지 다른지도 끝까지 예상할 수 없다. 그래서 '비주얼화'로 결정을 내리기까지의 시간을 단축하고, 단점인 정확성을 높이기 위해 '디스플레이화'가 필요하다.

상대에 따라 필요로 하는 정보가 다른 것은 당연하다. 예를 들어 영업담당자는 신상품의 내부구조나 특수부품이 어떤지는 그다지 관심도 없을뿐더러 해당 데이터를 보더라도 이해하는 경우가 드물다. 영업하는 사람이 원하는 것은 신상품의 디자인이나 기능 등 어떤 부분을 어필할 수 있는지에 관한 정보다. 따라서 이점에 대해 정규 카탈로그가 만들어지기 전까지 알기 쉽게 정보를 가공해서 제시하는 방법을 생각해 볼 수 있다. 바로 이 부분이 중요하다.

최근들어 비로소 '비주얼화'에 주목하기 시작한 기업을 보면 전 사원의 영업실적을 일람표로 만들거나 각 공장의 생산현황을 수치로 보여주는 정도에 그치는 경우가 많은데, 이래서는 활용할 수 있는 정보로써 가치가 없다.

다양한 정보와 의견을 전 사원에게 메일로 보내는 회사도 증가하고 있지만, 무차별적으로 보내는 정보를 모두 읽어보는 사람은 거의 없다. 메일을 보낸 사람은 사내 메일로 보냈기 때문에 누구나(그 사항에 관해) 알고 있을 거로 생각하기 쉽지만 실제로 그 정보를 파악하고 있는 사람이 적으면 오히려 혼란을 가져올 뿐이다.

최근에 개인적으로 일본대기업이 자사의 CAD 시스템을 공개하고 이에 대한 조언을 구하는 일도 나오고 있다. 구체적으로 밝힐 수는 없지만 한 회사에서는 여러 CAD 툴이 저마다 뒤죽박죽인 상황이었다. 즉 각각 독립적인 상태였는데, 이는 공통 플랫폼 기반의 시스템을 구축하지 않았기 때문이었다. 아무리 효율적인 IT화를 추진하더라도 조직이 가진 기능의 속도를 높이지 못하기 때문에 무의미해진다.

 필요한 것은 툴이 아닌 시스템이다. 그리고 필요한 정보를 신속하고 알기 쉽게 제공하는 '디스플레이화'를 구축해야 글로벌화 시대의 경쟁에서 이길 수 있는 '속도'를 얻을 수 있다.

제
3
장

[삼성은 이렇게
세계를 제압했다]

차원이 다른
휴대전화의 종류와 수

삼성에서는 프로세스 이노베이션을 통해 '다품종 소량생산'을 구현해냈는데 이는 세계 전략 차원에서 매우 중요한 의미를 지닌다. 한 제품이 해당 분야에서 세계 최고의 성능을 자랑할지라도 그 제품이 전 세계에서 수요가 있는 것은 아니기 때문이다.

브라질, 인도, 아프리카……. 환경 뿐만 아니라 문화도 다른 각 국가와 지역에서는 원하는 바가 당연히 다르다. 따라서 각 고객의 요구에 맞게 제품을 만드는 '요구사양'의 개념이 중요해졌다.

예를 들어 삼성이 성능이 우수하고 많은 기능이 탑재된 일본제품을 참고로 해서 한 제품의 '기본모델'을 만들었다고 가정해 보자. 삼성에서는 이를 어디까지나 기본모델이라고 간주하기 때문에 동일한 제품을 대량 생산하지 않는다. 그리고 각 시장에 맞추어 불필요한 기능은 빼고 새로운 기능을 추가하는 것이 좋겠다는 판단이 서면 이를 실행에 옮긴다. 이런 방식으로 수많은 '파생모델'을 만든다.

일본기업이 1년 동안 출시하는 TV 모델은 두 자리 수 언저리에 그치지만, 삼성은 1년간 1,000대 이상의 모델을 내놓는다. 이처럼 다품종 소량생산을 바탕으로 가격을 낮게 설정해도 이익이 나는 체질로 만들었기 때문에 전 세계에서 승부를 겨룰 수 있다.

휴대전화 부문을 살펴보면 삼성은 1년간 약 2억 5,000만 대를 생산한다. 일본 1등 제조사가 1년 동안 판매하는 휴대 전화가 약 1,000만 대 정도라는 점을 고려해보면 일본과는 차원이 다르다.

삼성은 똑같은 모델을 10,000대 이상 생산하는 경우도 거의 없기 때문에 단순 계산으로 말하자면 10,000대 팔리는 휴대 전화를 2만 5,000종류 생산하고 있는 꼴이다.

전 세계에서 비즈니스를 전개하는 점을 고려하면 이 정도의 생산량도 놀랄 일은 아니지만, 관점을 바꾸어 생각해 보면 이 정도의 규모가 요구되는 시대에 접어들었다고도 할 수 있다.

500엔짜리 장어덮밥과 3,000엔짜리 장어정식

아프리카 사람들이 인프라 정비까지 포함해 현재의 일본과 같은 수준으로 생활하기 위해서는 100년이 걸릴 것으로 예상된다. 그러므로 일본에서 판매하는 것과 같은 제품을 판매하는 것은 애당초 불가능한 일이다.

일본기업은 세계 어디에 내놓아도 손색없는 '일본의 품질'에 자부심을 느끼는데 품질은 각 고객이 판단하는 것이다. 일본제품의 품질을 중시하기보다 고객의 요구사양에 맞추어 상황에 따라 대응하는 제품 구성을 모색하는 것이 훨씬 더 중요하다.

품질에도 '상중하'가 있다는 것이 나의 지론이다. 음식으로 말하자면 500엔짜리 장어덮밥도 있고 3,000엔짜리 장어정식도 있다. 일본 내에서도 사람마다 각기 다른 것을 골라 먹는데 일본기업의 상품은 3,000엔짜리 장어정식만 상품화하는 상황이다. 그 상품은 최고급 상품이기 때문에 돈 있는 사람만 먹으라는 인상을 심어줄 수도 있다.

우선 500엔짜리 장어덮밥을 내놓아야 한다. 이렇게 다른 나라 사람들에게 장어는 맛있다는 사실을 알린 후, 1,000엔짜리 장어덮밥을 내놓는다. 그리고 더 좋은 것이 있다면 그것도 먹고 싶다는 사람에게는 3,000엔짜리 장어정식을 제시하는 것이 비즈니스의 정석이다. 예를 들어 '다이소'에서 판매하는 상품 중에는 2, 3개월 만에 망가지는 상품도 있다. 그러나 다이소 관계자의 말에 따르면 이 때문에 이 점에 대해 '불평불만이 있었던 적은 한 번도 없었다'고 한다. 이는 즉 고객 입장에서도 품질이 100엔 상품으로는 적절하다고 판단했기 때문이다. 이러한 예에서도 알 수 있듯이 품질은 고객이 정하는 것인데 일본기업은 이 점을 망각하고 있는 것 같다.

한국의 삼성이나 LG, 혹은 중국기업은 이런 점을 고려한 비즈니스를 펼치고 있기 때문에 전 세계 곳곳에서 '일본을 누르는 결과'를 낳고 있다.

'일본식 품질'과 '고비용 구조'

일본 업체가 삼성의 최고급 TV를 조사한 후에 일본의 품질기준으로 따지면 불합격 판정을 받을 것이라고 지적한 적이 있지만, 일본 TV보다 삼성 TV가 더 잘 팔리는 것이 현실이다.

선진국인 미국에서도 삼성제품은 높은 시장점유율을 차지하고 있으며, 품질에 관한 불만이 쇄도하는 상황은 전혀 찾아

볼 수 없다.

이 점만 보더라도 일본기업이 중시하는 품질은 소비자가 추구하는 수준을 훨씬 뛰어넘는다는 사실을 알 수 있다. 일본 설계자는 비용적인 측면보다 기능과 성능만을 추구하는 경향이 강하다. 또한, 일본 제조업은 지금까지 '정밀함'을 키워드로 발전해 왔지만 여기에도 장단점이 있다. 일본 제조업은 '쉬운 조작', '좋은 승차감'과 같은 '형용사'로 수식되는 측면을 중시한 개발이 진행되어왔다. 이런 요소는 수치화하기 어려운 것으로, 개인이 어떻게 느끼느냐에 따라 서로 다르게 받아들여진다. '조용함'을 예로 들자면 데시벨로 측정할 수 있지만, 일본기업은 이를 수치만으로 판단하려 하지 않는다.

에어컨의 경우에는 타사 에어컨 제품을 정밀히 분석해 개선할 점은 없는지 연구한다. 이러한 방식은 아날로그식 제조업이다. 물론 아날로그만이 가지는 장점도 있지만, 감각에 의존하는 부분이 크기 때문에 계속 이런 방식으로 경쟁하다 보면 '고비용 구조'로 이어져 가격 상승으로 귀결된다.

이러한 가운데 소비국으로 주목받는 신흥국에서 제조업의 디지털화가 진행됨으로써 다시 생산국으로서의 입지를 다지게 되었다. 디지털화로 인해 일본이 강점으로 여기던 정밀한 기술은 마이크로컴퓨터로 대체되었기 때문이다.

가령 에어컨을 25도에서 25.01도까지 조절할 수 있는 기술은 아니더라도 단일 칩 마이크로컴퓨터로 25.5도까지는 조절할 수 있다. 디지털이기 때문에 원활한 동작에 있어서는 일본 제품에 미치지 못하지만, 신흥국 소비자는 그 정도로 높은 수준의 제품을 원하지 않는다. 휴대전화를 예로 들더라도 현재 일본제품처럼 쓸데없는 기능까지 탑재한 휴대전화가 아니라면 어디서든 만들 수 있다.

어떤 종류의 제품이라도 일본기업이 추구하고자 하는 수준의 기능과 성능까지 추구할 수 있을 뿐만 아니라 이제는 신흥국에서도 자국의 수요에 맞는 제품을 스스로 제조할 수 있게 되었다.

전 세계에 진출한 맥도날드는 일본의 데리야키버거, 한국의 김치버거처럼 지역의 요구에 맞추어 상품을 출시하고 있다. 제조업도 이처럼 세계 각지에서 현지화가 가능한 상황을 나는 '맥도날드 현상'이라고 부른다.

'허용오차'와 '과잉품질'

소비자가 알기 어려운 부분이라도 실제로는 중요한 의미를 지니는 경우도 있기 때문에 어느 정도의 여유를 두고 품질을 확보하는 것이 확실히 중요하다고 할 수 있다. 그러나 이로 인해 가격이 상승하는 등의 결과를 낳아 소비자에게

불이익이 돌아가게 되면 이야기는 달라진다. 이는 소비자를 위한 것이 아니라 업체 측의 자기만족을 위해 우수한 품질을 추구하는 셈이 된다.

예를 들어 어떤 전자기기를 조립하는데 길이 100mm의 부품을 사용한다고 가정해 보자. 그 부품을 100개 만들 때 모두 한 치의 오차도 없는 부품으로 생산하는 것은 불가능에 가깝다. 그래서 각 기업에서는 '±0.01mm까지는 100mm로 인정한다', '0.1mm까지는 100mm로 인정한다'는 식의 기준을 마련하고 있다. 이때 허용되는 범위를 허용오차라고 한다.

허용오차를 어떻게 설정할지는 각 기업의 노하우에 달려있으며 물론 이는 개발기간과 비용에 영향을 미친다. 가령 한 부품의 접속 부분의 허용오차가 0.00mm라고 예를 들어보자. 이 기준을 만족시키기 위해 금형을 몇 번이고 다시 만듦으로써 1년 이상의 기간과 수십억 엔 이상의 비용이 든다. 그러나 허용오차를 0.01mm로 두면 개발기간과 비용을 10분의 1, 혹은 그 이하로 줄일 수 있다. 그리고 이와같이 허용오차를 완화해도 소비자의 수준에서는 전혀 알 수 없는 범위 내인 경우가 거의 대부분이다.

허용오차를 까다롭게 설정하면 물론 품질은 향상된다. 하지만 까다로운 허용범위를 조정하면 기업과 소비자 양쪽에 더 큰 이익이 되는 경우가 많다. 기업이 중시하는 품질이 소비자의 요구를 넘는 수준이고, 이 때문에 가격이 비싸진다면 이는 '과잉품질'이라고 할 수 있다.

결코, 잊어서는 안 될 점이 품질은 덧셈이나 뺄셈 방식이 아닌 곱셈으로 정해진다는 사실이다. 또한 '설계기술×제조품질' 뿐만 아니라 새로운 개념이라고 할 수 있는 '소비자품질'을 곱해야 한다.

소비자가 결정하는 이 소비자품질은 0과 1, 둘 중의 하나이다. 즉 고객이 실제로 사용해 보고 애프터서비스도 포함해 '또 사고 싶다'는 생각이 들면 1이고, 무언가 불평불만이 있어 '앞으로는 사지 않겠다'는 생각이 들면 0이 된다. 이때 0이 되면 설계기술이나 제조품질에서 아무리 높은 평가를 받더라도 그 소비자의 제품에 대한 평가는 0점이 된다.

예를 들어 자동차의 브레이크가 잘 듣지 않아 문제가 발생하는 경우 기업 측에서 '시스템의 문제가 아닌 느낌의 차이'라는 식으로 얼렁뚱땅 마무리하려고 한다면 소비자는 반드시 0을 매긴다. 그래서 해당 자동차에 대한 품질 평가는 0점이 된다.

현재 일본기업은 일본이나 구미 선진국에서 이런 문제가 발생하면 대형 사고라고 생각하겠지만 실제로 신흥국에서 이 같은 평가를 받는 것이 훨씬 더 심각한 사태로 이어진다. 왜냐하면, 30억 명 규모의 거대시장에서 해당 기업의 신뢰가 완전히 무너지기 때문이다.

삼성은 '품질은 고객이 결정하는 것이며 기업이 마음대로 결정할 일이 아니다', '고객은 구매 가격에 따라 품질을 추구한다'는 사고방식이 근저에 깔려 있다.

그리고 품질 관리 지표로서 '체감 불량률'이라는 수치를 사용하고 있다. 체감 불량률은 '불만 건수÷1년간 판매 대수'로 산출한 값을 말하며, 불만 건수를 어떻게 줄일 수 있을지 늘 고민한다.

'재료비 감축노력'과 '뺄셈 방식'의 가격결정

삼성은 체감 불량률에 주목해 사용자가 추구하는 품질을 유지하면서도 제조비용을 최대한으로 줄이려는 노력을 기울이고 있다. 일본기업을 따라 하던 시절에는 값싼 제품을 제공하는 전략을 추진했지만, 제조비용이 많이 들어 좀처럼 이익이 나지 않는 구조였다. 특히 자재비 비중이 커서 반도체를 제외한 대다수 제품의 자재비가 '매출의 70%'를 차지하기도 했다. 일본기업은 자재비를 '제조 원가의 60~70%'로 유지하는 것이 일반적이기 때문에 삼성의 방식은 당연히 생각만큼 이익이 나지 않았다.

자재비 비중이 이렇게 커진 이유를 한마디로 말하자면 '제조비용에 대한 전력의 부재'에 기인한다고 볼 수 있다.

일본기업 따라잡기를 목적으로 삼고 있던 무렵에는 일본제품과 같은 수준의 품질을 추구해 부품 하나라도 일본기업과 똑같이 만들어야 한다는 사고방식이 존재했다. 그러나 당시 삼성제품은 일본제품보다 가격을 낮추어 경쟁하는 전략이었기 때문에 필연적으로 비용증가 부담을 떠안아야 했다.

그 후, 삼성은 일본 따라하기를 그만두고 신흥국 시장을 개척하기 시작했다. 그때 제조원가 구조를 철저하게 개선했다. 신흥국 소비자가 필요로 하지 않는 부분을 제외하는 것만으로도 자재비를 크게 감축할 수 있었다. 이와 함께 '재료비 감축노력'도 펼쳤다. 구매팀에만 일임하는 등의 방식으로 비용 감축을 단행하는 것이 아니라, 전사적인 개선 작업을 벌였다. 당시 '자재비 20% 감축'을 목표로 내세웠다. 이를 실현하는 것은 어려웠지만, 하청업자를 울리는 일이 없도록 부품업체 등과의 협상을 통해 양측 모두에게 유익한 방안을 모색했다.

이 때에도 일본기업과 동일한 부품을 사용하지 않으면 품질을 유지할 수 없는지 검토와 실험을 수차례 거듭했다. 그 결과 역시 허용오차의 경우와 마찬가지로 문제가 없다는 결론이 대부분이었다. 즉 부품의 질을 다소 낮추더라도 제품으로서 요구되는 품질은 충분히 유지할 수 있다는 판단을 내렸다. 이는 저렴한 대체 부품으로 전환하는 계기가 되었고, 자재비를 감축할 수 있었다. 이러한 구조를 구축할 수 있었던 것은 프로세스 이노베이션을 통해 작업의 효율화를 추진했기 때문이다.

삼성의 글로벌 전략에는 제품가격 설정도 중요한 의미를 지닌다. 일본제품의 경우 일반적으로 제품가격은 이를 제조하는 데 필요한 비용을 계산하고 제조 원가와 확보하고자 하는 이익을 합산해 결정된다. 이를테면 '덧셈 방식'이라고 할 수 있는데, 삼성은 정반대이다.

삼성은 시장마다 소비자의 경제력 등을 조사한 후 판매하기 적당하다고 예상되는 가격을 먼저 설정하고 그 가격으로 맞추기 위해 비용을 줄일 수 있는 범위를 산출해 제품 개발을 진행하는 '뺄셈 방식'을 도입했다. 그리고 타겟 코스팅(Target Costing)이라는 '목표 원가'로 도저히 낮출 수 없는 경우에는 개발이 어디까지 진행되었든 즉시 중단한다.

비용문제뿐만 아니라 개발 중간에 상황이 바뀌어 상품이 잘 팔리지 않을 것으로 판단될 때도 역시 마찬가지다. 앞 장에서 소개한 정보관리 시스템이 구축되어 있기 때문에 언제든 중단할 수 있는 구조가 갖추어져 있다.

그러나 일본기업의 경우 생산과정에서 발생하는 모든 정보를 공유할 수 있는 시스템이 구축된 곳이 없다. 그래서 제품이 완성되었을 때야 비로소 예상보다 비용이 적게 들었다는 사실을 알게 되는 일도 있다. 이 때 예상가격을 낮춰 재 설정하는 것은 문제가 되지 않지만, 기능을 추가하는 경우도 있다. 그래서 사용자가 필요로 하지 않는 기능이 늘어나게 된다.

　기업과 소비자의 입장에서 어느 쪽이 바람직한가는 확실하다. 삼성은 이 부분을 고려하여 각 지역의 수요에 맞는 다양한 제품을 제공해 전 세계에서 시장점유율을 끌어올릴 수 있었다.

인도 사람이 원하는
20만엔짜리 신차

　지역에 따라 요구하는 기능이나 성능이 크게 다르기 마련이다. 극단적인 예를 들자면 얼음을 좋아하는 베트남 사람들은 냉장고를 '얼리는 기계'로 인식한다. 심지어 물을 가득 넣어 통째로 얼린 다음에 깨서 먹는 것이 냉장고의 주된 사용 목적이다. 이런 국가에 냉장고를 판매할 때는 채소 칸이 작게 나뉘는 구조이거나 식품의 신선도 보존기능 등이 잘 갖추어진 최신형 냉장고보다는 제빙기에 가까운 단순한 냉장고를 판매하는 것이 좋을 것이다. 또한, 인도에서는 바깥 기온이 50도에 달하기 때문에 에어컨을 사용해 실내를 25도 정도로 유지하려는 필요성을 못 느낀다. 게다가 일본 에어컨처럼 조용하면 망가졌다고 생각하기 때문에 큰 소리로 바람을 내어 체감적으로 시원함을 느끼게 할 수 있는 제품이 실내용 에어컨으로 잘 팔리고 있다.

　삼성과 관련 없는 이야기지만 인도에서는 2009년에 타타자동차가 '세계에서 제일 싼' 나노라는 소형자동차를 판매하기 시작해 화제가 되었다. 판매 가격에서 이름을 따 'One Rakh Car'라고도 불린다. 'One Rakh Car'란 10만 루피를 말하는 것으로 일본 엔으로 환산하면 20만 엔 정도이다.

일본 다이하쓰의 경자동차 미라(Mira)는 3기통 엔진인데 비해 나노는 2기통 엔진으로 단순하지만, 그 이외의 스펙은 크게 다르지 않다. 다만 나노의 와이퍼는 하나밖에 없고 사이드미러도 운전자석에만 있고 조수석 쪽에는 없다. 에어백 같은 안전장치, 급브레이크 시에 타이어가 잠겨 미끄러짐을 방지하는 ABS(Anti-lock Brake System) 같은 장치도 역시 탑재되어 있지 않다. 라디오 등의 오디오 기기나 에어컨 등은 당연히 옵션이다. 일본에서는 이 같은 기본사양으로는 도로를 주행할 수 없기 때문에 일본 언론에서는 탈것이 못 되는 싸구려 자동차처럼 보도되기도 했다.

그러나 나노는 약 20만 엔 정도의 자동차이다. 신흥국 사람의 입장에서 보면 자동차는 기본적으로 달리고 돌고 멈추면 된다고 생각하는 부분도 크기 때문에 이 정도면 충분하다. 지금부터 50년 전에 약 40만 엔에 도요타가 판매하기 시작한 파브리카(Publica, Public과 Car에서 이름을 딴 자동차-옮긴이)도 마찬가지로 에어컨이나 라디오 기능이 없었다. 파브리카는 1950년대 국민차 구상(1955년 일본의 통산 산업성이 입안함. 이때부터 일본의 대중

차 시대가 열림-옮긴이)의 영향을 받아 개발된 자동차로 지금 타타자동차가 전개하고 있는 사업도 이와 마찬가지라고 할 수 있다. 국가별로 문화와 국민성이 다르다는 점을 잘 이해해야 한다. 그런 다음 각각의 수요에 맞춰 제품을 만들어야 한다.

삼성은 TV 부문에서 1년 동안 1,000개 이상의 모델을 출시하고 있는데 국가별로 상품의 방향성이 완전히 다르다. 예를 들어 인도는 다국어 국가로 지역에 따라 언어가 다르다. 따라서 TV 방송국에서도 다국어 방송을 제작하고 있고 이에 대응한 다국어 지원 TV가 아니면 인기를 얻을 수 없다. 또한, 이슬람 국가는 하루에 다섯 번 예배를 드리는 시간이 정해져 있다. 삼성이 아닌 LG의 제품을 예로 들자면 예배를 드리는 시간이 되면 코란이 나오는 TV가 폭발적인 인기를 끌었다.

'디자인 혁명'을 통해 글로벌 브랜드로!

삼성에서 제품군을 고려할 때 신흥국만을 대상으로 삼고 있는 것은 아니다. 유럽에는 와인잔의 실루엣에서 모티브를 얻어 디자인 한 삼성 액정 TV가 인기를 누렸다. 이 TV는 와인잔처럼 대와 받침 위에 본체를 두고 본체 아랫부분은 와인잔의 둥근 모양을 연상시키는 형태로 디자인되었다. 적당한 가격도 호평을 받았지만, 디자인이 유럽인의 생활을 반영했다는 점에서 인기를 끌었다. 디자인 측면에서 보면 받침 때문에 화면이 어느 정도 높게 위치하게 된다. 따라서 일부러 TV 책상을 사서 그 위에 올려둘 필요가 없다. 넓은 방에 자유롭게 배치하고 TV 자체를 인테리어처럼 활용할 수 있다. 품질 면에서 보면 일본제품보다는 한 수 아래일 지도 모른다. 그러나 이는 소비자가 불편을 느낄 정도의 수준은 아닌데다 종합적인 균형 측면에서 소비자가 선호하는 제품이기 때문에 큰 인기를 끌었다.

삼성은 TV 시장에서 세계 최고의 시장점유율을 차지하게 되었다. 약진을 주도한 전략 중 하나가 같은 크기의 TV라도 다양한 디자인의 제품을 출시하는 전략이었다. 이것이 바로 삼성의 '디자인 혁명'이다.

디자인에 힘을 기울이기 시작한 것은 이건희 회장이 '고객은 가장 먼저 디자인으로 마음이 움직인다'고 말한 것이 계기였다. 이건희 회장은 이 말만 했을 뿐이다. 앞 장에서도 서술한 바 있듯이 톱다운 방식에서 바톰업 방식으로 전환한 삼성에서 회장은 방향성만 제시한다. 그 방향성에 입각한 구체적인 전략을 세우는 것은 부하들의 몫이다. 디자인 혁명도 마찬가지로 회장의 말 한마디에서 해결책을 찾아 나머지는 현장의 판단에 따라 추진되었다. 이후 삼성은 세계 각국에서 천명 이상의 디자이너를 확보하여 해당 지역과 국가에 맞는 제품을 제공했다.

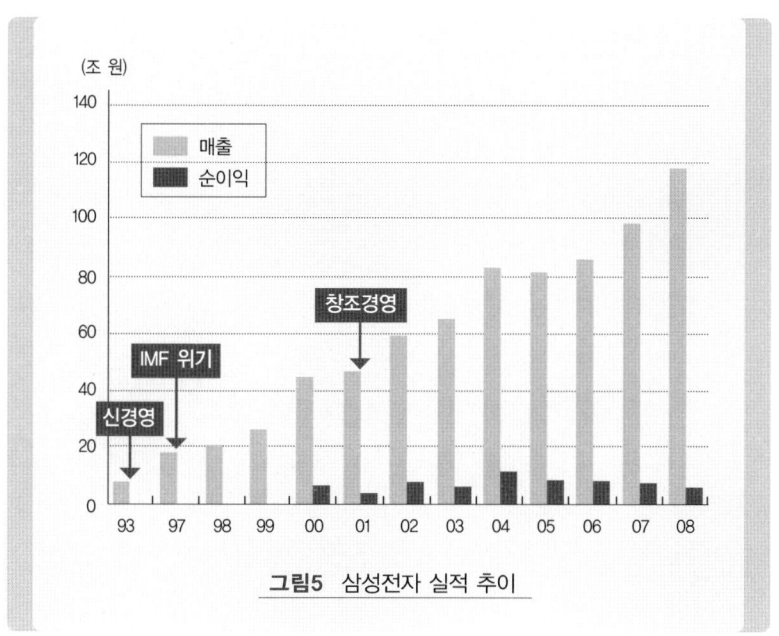

그림5 삼성전자 실적 추이

　세상에는 각양각색의 사람들이 있다. 지역마다 수요도 다르지만 같은 지역에서도 취향은 천차만별이다. 한 제품에 대해 한 종류나 두 종류의 디자인만 내놓으면 그 디자인을 선호하지 않는 사람은 삼성제품이 아닌 타사의 제품을 선택할 확률이 높다. 그러나 다양한 디자인을 선보이면 그중에서 마음에 드는 디자인을 골라 해당 상품을 구입할 확률이 훨씬 더 높아진다. 이를 겨냥한 것이 삼성의 디자인 혁명이었다. 디자인 혁명은 삼성의 글로벌 전략에 근간을 이루는 것으로, 이러한 전략을 통해 삼성은 각 분야에서 빠른 속도로 시장점유율을 확대해 나가는데 성공했다.

세계 각지로 뻗어 나가는 '지역전문가'

글로벌화를 추진하고 세계 각지의 수요를 제대로 파악하는 데 있어 눈부신 활약을 한 것이 '지역전문가'로 불리는 인재이다. 그들은 인재육성의 거점인 '인재개발원'에서 집중적인 교육을 받은 후 실제로 해당 국가에 파견되어 6개월에서 1년 동안 체재하며 연수를 받는다. 그 기간에는 아무런 임무를 부여받지 않고 현지 사람처럼 생활한다. 이를 통해 해당 국가의 현주소를 파악하고 습관 등을 몸에 익힌다. 그리고 본격적인 활동에 들어가면 각지의 정보를 수집해 전략적인 마케팅을 구상한다. 그 시점에 그들은 자신이 담당하고 있는 국가의 문화에 대해서 현지인과 다름없을 정도로 혹은 그 이상으로 사정에 정통해진다. 정보수집 전문가이기도 한 그들은 세계 각국의 최신 동향을 살핀다. 그리고 수집한 정보를 활용해서 지역적인 수요에 대응한 제품을 기획하게 된다. 이런 지역전문가가 전 세계에 흩어져 있고 지금까지 약 4,000여 명이 활동했다는 점을 생각해 보면 얼마나 큰 규모인지 잘 알 수 있다.

세계 각지에서 잘 팔리는 상품을 만들기 위해서는 그만큼 노력해야 한다는 사고방식을 가지고 있기 때문에 삼성에서는 지역전문가 육성에 많은 힘을 기울였다. 각국에 파견되기 전에 인력개발원에서 집중적인 교육을 받는데, 어학연수 기간인 3개월 동안은 합숙하며 자신이 배우고 있는 국가 이외의 언어를 입 밖으로 내서는 안 된다.

이처럼 언어를 완벽하게 습득해야 할 뿐만 아니라, 그 나라의 문화도 철저하게 몸에 익혀야 한다. 일본에 관한 교육을 받는 경우라면 어학 교육 이외에도 꽃꽂이에서 다도까지 일본문화 교육을 받는다. 그리고 일본인 강사들과 3개월 동안 숙식하며 지내는 동안 일본의 문화, 그리고 일본인의 사고방식과 기호 등을 체득한다.

IMF 위기 이전까지는 일본을 연구하는 지역전문가가 많았지만, 일본 따라하기를 그만두고 독자적인 노선을 걷기로 행보를 정한 뒤에는 이런 추세도 바뀌었다. 중국이나 인도 등과 같은 신흥국 언어, 인도에서도 일부 지역에서만 사용하는 타밀어 등을 배우는 사람이 늘었다. 그들은 충분한 교육을 받고 나서 현지 연수를 받는다. 연수 기간 중에는 특별히 정해진 프로그램이 있는 것이 아니라 그곳에서 자유롭게 지내면 된다. 단 일본에 파견된 경우에는 나리타공항에 도착한 순간부터 '그 누구의 도움도 받지 않아야 한다'는 것이 절대적인 규칙이다. 먼저 살기 위한 방을 스스로 찾아야 하는데, 이때 일본에 주재하는 동료에게 전화하거나 다른 사람에게 의지하면 그날로 한국에 돌아와야 한다. 교통비와 체재비, 정보수집을 위한 경비 등은 회사가 부담하지만, 모든 생활은 혼자의 힘으로 헤쳐나가야 한다. 이 규칙이라면 극단적으로 말해 6개월이나 1년 동안 계속 파칭코에 앉아 있기만 해도 된다는 것이 삼성의 현지 연수이다.

연수 기간이 끝나면 정식으로 각국에 파견되는데 이러한 방식을 도입한 배경에는 '상대의 문화를 모르면 잘 팔리는 상품을 만들 수 없다'는 일관된 사고방식이 있다. 연수 기간에는 어떻게 지내도 상관없지만 무의미하게 시간을 보내는 사원은 없다. 회사의 업무와는 직접적인 관련이 없는 생활을 하더라도 독자적인 인맥을 구축한다. 이러한 경로를 통해 일반적인 회사 업무만으로는 알 수 없는 폭넓은 정보를 모을 수 있다. 이를 통해 새로운 기술에 대한 흐름을 파악할 수 있는 것은 물론이거니와 실제로 생활해 본 사람만이 알 수 있는 새로운 동향까지 실시간으로 흡수할 수 있다.

일본기업은 아직도 '좋은 물건을 만들면 어디든 통한다'는 사고방식이 지배적인 것 같다. 그러나 글로벌화가 진행된 시대에는 '상대의 문화를 모르면 물건은 팔리지 않는다'는 삼성의 사고방식이 훨씬 더 현실적이다.

기업 간 정보경쟁

조금 다른 이야기지만, 삼성은 세계 각국의 수요를 파악하는데 노력을 기울일 뿐만 아니라 가능한 수단을 총동원해 정보를 수집한다.

한 사례로 일본기업이 패널 TV를 개발했을 무렵 삼성의 영업사원으로부터 '귀사 제품에 우리 디스플레이를 사용해 주면 좋겠다'는 제안을 받은 적이 있었다. 이것은 삼성에서 들은 이야기가 아니라 일본기업에 근무하는 일본인으로부터 들은 이야기이다. 그러나 그 디스플레이는 도무지 시장에 내놓을 만한 품질이 아니었기 때문에 그 업체 관계자는 '이 부분이 안 되겠습니다', '여기도 문제입니다'라고 지적했다. 그러자 삼성은 지적받은 문제들을 개선한 디스플레이를 만들어 다시 일본기업을 방문했다. 그리고 문제가 해결되었는지 확인하는 작업을 거듭했다고 한다.

이 거래는 결국 성사되지 않았지만, 삼성 입장에서는 큰 수확을 얻을 수 있었다. 영업활동을 통해 기술적인 측면에서 앞서 가던 일본업체로부터 배울 수 있었기 때문이다. 일본기업 입장에서 보면 귀중한 기술정보를 쉽게 유출하고만 셈이지만, 이 배경에는 우리야말로 최고업체라는 자만심이 깔렸있기 때문이라고 할 수 있다. 기껏해야 한국업체라며 삼성을 깔보고 적에게 패를 보여준 셈이 되는 것이다. 그 후 삼성은 세계적으로 약진하여 패널 TV 시장에서도 그 업체를 훨씬 웃도는 시장 점유율을 확보했다.

나는 삼성을 그만두고 귀국한 후 2년 동안 경제산업성의 '기술정보 등 적정한 관리 방향성에 관한 연구회'의 위원직을 맡았다. 이 연구회에서 기술정보 유출에 대한 대응책을 연구했는데, '도면 관리'나 '해커 대책' 등이 주된 쟁점으로 떠올랐다. 대책을 마련하는 것도 물론 중요하지만, 사실대로 말하자면 요즘 같은 시대에 도면은 극비로 다루어야 하는 범주에 속한다고 볼 수 없다. 왜냐하면, 많은 기술정보가 공개되고 있고 많은 제품이 구조를 조사하면 비슷하게 만들 수 있는 시대가 되었기 때문이다. 따라서 경쟁사가 노리는 것은 기술정보가 아닌 전략에 관한 정보로 추세가 바뀌고 있다. 지금 예로 든 디스플레이 사례에서도 일본기업의 관계자가 유출하고 만 것은 단순히 기술정보가 아닌 '이런 제품에서는 무엇이 중시되고 있는가?'와 같은 전략에 관한 내용이었다. 삼성 입장에서는 이 같은 정보가 큰 도움이 되었다.

뛰어난 한국식 마케팅 전략

LG의 마케팅 전략에서도 독특한 면을 찾아볼 수 있다. LG는 '귀족 마케팅', '문화 마케팅', '스포츠 마케팅'으로 시장을 크게 세 개로 나누어 전략을 짜고 있다.

귀족 마케팅은 부유층을 겨냥한 전략이다. 예를 들어 일류 호텔의 로비나 스위트룸 같은 곳에 무상으로 최고급 TV를 제공한다. 호텔에서 묵는 부유층에게 '최고급 TV니까 나도 사야겠다'는 인식을 심어줄 수 있다.

문화 마케팅은 이른바 중산층을 대상으로 하고 있다. 그림이나 음악 등의 동호회 혹은 각 지역의 커피숍 같은 시설에 일류 호텔보다는 한 단계 낮은 TV를 제공한다. 이를 통해 마찬가지로 TV 구매 의욕을 불러일으킨다.

스포츠 마케팅은 신흥국의 가난한 사람을 대상으로 하고 있다. 저소득층의 아이들은 프로 선수를 꿈꾸며 밤낮으로 스포츠에 몰두하는 경우가 많다. 이들에게는 TV 같은 전자제품이 아닌 축구공을 기부하는 형태로 지원한다. 축구공에는 축구용품 업체가 아닌 이 축구공을 제공한 업체의 브랜드명이 찍혀있다.

이런 활동을 통해 각각의 사람들에게 LG의 인지도를 높이고 각 계층의 정보도 수집하고 있다.

손해 보고 이득 보는 CS 센터

삼성은 1998년 'CS 센터(Customer Satisfaction Center=고객만족센터)를 개설해 고객이 상품에 대해 제기한 불만을 조사하는 노력을 기울이기 시작했다.

마쓰시타 전기산업(현 파나소닉)의 설립자인 마쓰시타 고노스케는 '고객이 제일이다', '불평불만에 귀를 기울여라'라는 가르침을 남겼는데 바로 이 정신을 한국기업이 실천하고 있다.

사용자의 요구와 불평불만에 귀를 기울여 그 목소리를 상품개발에 반영해야 세계 각지의 사용자 관점에서 제대로 된 제품을 만들 수 있다. 현재 일본기업은 이 부분을 소홀히 하고 있는 것으로 밖에 보이지 않는다. 고객의 불만을 듣고도 유용하게 활용하지 못하고 있기 때문이다. 조직 규모를 축소하기 위해 애프터서비스는 다른 회사에 맡기는 기업이 늘고 있다. 게다가 해당 고객센터에 전화를 걸어도 금방 연결되지 않는 경우가 태반이다. 그래서 고객의 목소리가 본사에는 전달되지 못하고 상품개발에도 반영되지 않는 경우가 대부분이다.

고객센터로 전화가 24시간 연결되게 하려면 상당한 인력이 필요하고 이에 따른 비용도 막대해진다. 그러나 이런 부분이야말로 '손해 보고 이득 본다'는 마음가짐으로 임하지 않으면 회사의 수명이 짧아질 뿐이다. 더 나아가 삼성은 한국 내에서는 서울을 비롯한 주요도시를 중심으로 유지보수 직원이 차량을 가지고 돌아다닌다. 고객으로부터 고장문의 등이 들어오면 바로 달려갈 수 있도록 하기 위해서다. 가전제품의 동작 불량 등의 사유라면 기판이나 모터를 교체하거나 그래도 수리가 불가능한 경우에는 새 제품으로 교환해 준다. 고객들 사이에서 호평을 얻은 것은 두말할 나위도 없다. 고장이 나서 고객센터에 전화를 걸어도 좀처럼 연결되지 않는 것과는 천지차이이다. 이러한 서비스를 통해 고객만족도 향상의 척도가 되는 체감 불량률이 내려가는 것이다.

고객의 목소리를 듣고 고객을 어떻게 만족시킬 것인가, 그리고 고객의 목소리를 반영한 상품을 얼마나 신속하게 세상에 내놓을 수 있을 것인가. 바로 이런 점에서도 의사결정의 속도, 개발속도가 중요하다고 할 수 있다.

'현지, 현지재료, 현지인'이 요구되는 글로벌 기업

지역과 사람에 가까이 다가가는 제조업을 추구하는 것은 매우 중요한 일이지만 유감스럽게도 많은 일본기업은 이 사실을 알아차리지 못하고 있다.

경쟁을 좌우하는 근본적인 문제에 있어서는 어중간한 자세로 임하지 말고 최대한의 노력을 기울여야 한다. 철저히 지역의 수요에 맞게 상품을 개발하는 삼성은 'R&D(연구개발)'를 본사가 아닌 현지에서 하는 것이 당연하다고 생각한다. 이러한 사고방식이 현대사회의 표준이 되고 있다.

나는 '현지, 현지재료, 현지인'이라는 용어를 사용하는 데 글로벌화 시대에 이 세 가지 요소가 필요하다고 생각한다.

현대사회가 요구하는 제품을 만들기 위해서는 개발과 설계, 공장 모두 '현지화'가 밑바탕이 되어야 한다. '현지재료', '현지인'은 내가 만든 단어지만 재료도 현지에서 조달하고 사원도 현지인으로 채용해야 한다. 극단적으로 들릴 수도 있지만, 사장을 포함한 전 사원을 현지인으로 채용하는 것이 이상적이다. 이는 결코 극단적인 방법이 아니다.

세계적인 기업인 맥도날드는 이러한 전략으로 성공을 거두었다. 맥도날드는 대부분의 국가에서 사장과 매니저를 포함해 모든 직원을 현지인으로 고용하고 있다. 그래서 일본인이 좋아하는 데리야키버거, 츠키미버거, 한국인이 좋아하는 김치버거 등을 상품화 할 수 있었다.

삼성만 보더라도 처음 해외에 진출했을 때는 일본과 동일한 방식을 취했다. 해외에 공장을 짓고 공장장을 비롯한 요직에는 삼성 본사에서 한국인이 파견되었고, 생산설비에만 현지의 여성들을 채용했다. 그러나 2000년부터는 이러한 방식을 버리고 현장주의로 180도 전환했다. 삼성도 LG도 현지인에게 사장 자리를 일임하고 모든 사원을 현지화하는 방침으로 전환했다. 현재 삼성은 세계 각지에 법인을 설립했기 때문에 각국 법인의 주식 배당이 그룹 수익의 상당 부분을 차지하게 되었다.

'서서 먹는 우동가게 방식'의 글로벌 전략

삼성은 지역전문가와 CS 센터로부터 수집한 정보를 활용해 다양한 디자인을 선보이고 있다. 1년 동안 1,000여 개 모델의 TV를 출시하고 있는 것이 그 사례 중 하나이다. 다양한 모델을 출시하면서도 높은 이익 수준을 유지하고 있는 점이 삼성의 강점이다. 나는 개인적으로 이를 가능케 하는 생산방식을 '서서 먹는 우동가게 방식'이라고 부른다.

무수한 종류의 다양한 상품을 내놓아도 모든 제품이 하나부터 열까지 다른 것은 아니다. 공통적인 플랫폼을 가지고 있으며 중간 단계부터 바뀌는 경우가 대부분이다.

서서 먹는 우동가게의 메밀소바와 우동 모두 국물은 똑같다. 그리고 주문이 들어오면 미리 삶아둔 소바나 우동을 담아 국물을 넣는다. 덴뿌라소바 주문이 들어오면 거기에 덴뿌라(튀김-옮긴이)를 얹고, 츠키미('알을 본다'는 뜻으로, 계란을 얹는다-옮긴이)소바는 계란을 얹는다. 덴뿌라소바와 덴뿌라우동은 같은 튀김을 사용한다. 이러한 방식이라면 덴뿌라우동이든 유부우동이든 만드는 방법은 거의 같기 때문에 최소한의 수고와 비용으로 여러 음식을 제공할 수 있다.

'디커플링 포인트(Decoupling Point)'라는 경제 용어가 있다. 이는 미리 생산하는 부분과 고객의 주문에 맞추어 대응하는 부분을 나누는 '구분 지점'을 뜻한다. 이 지점을 제대로 설정하면 재고 리스크가 낮아지고 신속하고 효율적인 생산이 가능해진다. 서서 먹는 우동가게 방식도 이와 비슷하다. 일반적인 우동가게의 이익률은 30%인데 반해 서서 먹는 우동가게의 경우 70%에 달한다고 한다. 우동 가격이 싸다고 해도 낭비를 줄이고 회전율을 높일 수 있기 때문에 이러한 이익을 낼 수 있다.

전자제품도 이와 마찬가지이다. 한 제품의 플랫폼에 이 사양을 추가하면 유럽용 제품, 다른 사양을 추가하면 인도용 제품이 되는 방식이 정비되어 있다면 이익률은 자연히 향상된다.

리버스&포워드 엔지니어링

기술에는 '개발설계(과학기술)와 양산설계(생산기술)'가 있는데 삼성의 개발설계는 아직 일본에 미치지 못한다는 점은 앞 장에서 서술한 바 있다.

이 부분을 약점으로 두지 않고 오히려 강점으로 만들 때 세계시장을 제압할 수 있다. 삼성은 지금도 기술개발과 개발설계에 힘을 기울이지 않고 이 부분은 선행기업의 신기술을 따라잡는 식으로 보완하고 있다. 이런 말을 하면 '베끼기 선수', '기술 무임승차' 같은 인상이 들지도 모르겠다. 예전의 한국기업은 선행기업의 제품을 하나의 표준으로 삼아 이와 동일한 제품을 만드는 것을 목표로 삼고 있던 것은 틀림없는 사실이다. 이를 벤치마킹이라고 하는데, 지금의 방식은 전혀 다르다.

일반적으로 특정 제품을 분해해서 내부구조나 동작을 분석해 공개되지 않은 제조방법과 동작원리를 조사하는 것을 '리버스 엔지니어링(Reverse Engineering)'이라고 한다. 삼성은 리버스 엔지니어링의 개념을 한발 앞서 도입함으로써 '리버스&포워드 엔지니어링(Reverse & Forward Engineering)'이라는 작업을 진행하고 있다.

기존의 벤치마킹 방식(일반적으로 리버스 엔지니어링이라고 부르는 경우가 많은 방식)이야말로 앞선 상품을 복제할 뿐이다. 그러나 현재 삼성이 실행하고 있는 리버스 엔지니어링(리버스&포워드 엔지니어링)은 단지 복제하는 것이 목적이 아니다.

선행기업의 제품과는 다른 새로운 구조로 설계·개발하는 경우도 있다. 대부분의 중국기업은 선행기업의 제품을 모방해 값싼 부품으로 대체한 뒤 같은 모양과 기능을 가진 제품을 개발하는 방식을 취하고 있다. 나는 이 방식을 '카피 엔지니어링(Copy Engineering)'이라고 부른다. 이렇게 일본제품을 모방만 해서는 일본보다 품질이 떨어지는 제품을 더 싼 값에 판매하는 데 그치고, 결국 진정한 경쟁력을 얻을 수 없다.

그러나 리버스&포워드 엔지니어링으로 앞선 기업의 개발자가 만든 의도까지 모조리 파악하고 기능을 빼거나 더한 다른 제품을 만들어 낸다면 지역과 고객층에 맞춰 차례차례 신속하게 제품을 출시할 수 있다.

경쟁에서 이기기 위한 전략

개발설계(과학기술개발)는 '선행투자'이며, 많은 시간과 비용이 필요하다. 게다가 이렇게 개발된 새로운 기술이 실제로 제품화에 성공하는 것은 10%나 20%에 그친다. 이 점만 보더라도 개발설계에 투자를 억제하는 것이 어떤 의미가 있는지 잘 알 수 있다. 뒤늦게 개발에 참여하더라도 격차를 메우고도 남을만한 '수요에 맞춘 다품종 소량생산' 구조가 구축되어 있다면 경쟁 측면에서는 압도적인 우위를 점할 수 있다.

삼성은 IMF 위기 이후 일본기업에 근무하던 많은 일본인 개발기술자를 적극 채용했다. 이는 이건희 회장의 지시로 이루어진 것으로, '재팬 프로젝트'라고 불린다. 일본기업에 근무하는 인재를 채용하는 방식은 선대 회장 시절부터 이루어졌던 것으로 내가 삼성에 입사했을 때에도 100명 이상의 일본인이 고문으로 활동하고 있었다. 일본인의 대부분은 기술자였고 그들의 조언을 바탕으로 제품을 만들었다. 그러나 재팬 프로젝트를 통해 단순한 기술자가 아닌 '개발을 담당'하는 설계기술자를 채용했다. 이는 물론 개발부문을 강화시키는 것이 목적이었다. 이렇게 일본인의 설계 사상을 흡수해 해당 기술을 따라잡아 더 높은 수준의 리버스 엔지니어링을 전개할 수 있게 되었다.

개발설계에 많은 힘을 쏟고 있는 일본에서는 몇 년이나 걸려 새로운 기술을 연구한다. 이렇게 개발한 10개의 기술 중 하나밖에 상품화하지 못하는 상황도 벌어진다. 그러나 삼성은 그렇지 않다. 그만큼 실리적인 양산설계에 힘쓰고 있다고 할 수 있을 것이다.

이 또한 서서 먹는 우동가게 방식과 유사하다고 할 수 있으며, 고객이 원하는 다양한 상품을 빠르고 싸게 제공하기 때문에 무수한 고객의 수요에 신속하게 부응하고 이익률을 향상시킬 수 있다.

글로벌화가 진행 된 경쟁구도 속에서 여러 전략을 세울 수 있겠지만 그중에서도 개발속도를 높이는 것이 무엇보다 중요하다는 사실에는 변함이 없다.

이점을 마음속 깊이 새기고 다양한 부분을 개선함으로써 삼성은 세계를 제압할 수 있었다.

제 4 장

﹇
위기 시의
리더와 조직의 역할
﹈

아내와 자식만 빼고
다 바꿔라

이건희 회장의 '프랑크푸르트 선언'에 따라 삼성은 1993년부터 대개혁에 나섰다. 그러나 개혁이 그룹의 약진에 큰 힘이 된 것은 1997년 IMF 위기가 닥친 뒤였다. IMF 위기란 헤지 펀드로 인해 인위적으로 유발된 통화 위기이다. 그 이전까지 1달러=850원에 거래되던 원화 값이 1997년 말에는 1,800원으로 오르면서 원화가치는 반 이하로 뚝 떨어졌다. 그리고 GDP도 큰 폭으로 마이너스를 기록하며 한국 경제는 크게 곤두박질쳤다. IMF 이전에는 한국인 누구나 삼성에 입사하면 평생직장이 보장된다고 믿었지만, 이 사건을 계기로 기존의 생각들이 단숨에 날아가 버렸다.

IMF 위기 때 한국에서는 '빅딜'이라는 강제적인 기업통합이 이루어졌다. 당시 한국 최고 재벌로 꼽혔던 현대그룹은 해체되기에 이르렀고, 재벌 3순위였던 대우그룹은 실질적으로 역사의 뒤안길로 사라졌다.

당시 재벌 2순위에 이름을 올리고 있던 삼성은 기업해체는 면했지만, 많은 사업에서 손을 떼야 했다. 삼성자동차를 르노에 매각하는 등 국가 주도로 이루어진 일도 있었고 독자적인 판단으로 철수한 사업도 있었다. 구조조정으로 그룹사 수는 140개에서 83개로 축소되었다. 그룹 전체의 종업원 수도 16만 명에서 11만 5,000명으로 줄어들었고, 삼성전자에서도 1만 2,000명이 강제 퇴직을 당했다. 여느 때처럼 아침에 출근한 직원에게 내일부터 오지 않아도 된다고 갑자기 해고를 통보하는 상황이 벌어졌다. 많은 사원이 이전에는 찾아볼 수 없었던 강한 위기감을 가지게 되었다. 이로 인해 개혁은 급물살을 탔다. 그 이전까지 일본 따라하기를 표방하던 삼성은 모든 방식이 일본식이었는데 이 때부터 일본 따라하기를 그만두고 독자적인 노선을 걷기로 했다.

노선을 변경할 당시 이건희 회장은 '지금까지 일본으로부터 많은 것을 배웠지만, 앞으로는 일본을 모방만 해서는 안 된다',

'아내와 자식만 빼고 다 바꿔라'고 지시했다. 누군가의 뒤를 쫓는 것이 아니라 개척자가 되면 눈앞에 펼쳐지는 모든 광경은 미지의 영역이다. 삼성은 이를 각오하고 개혁을 단행했다.

연대	경영전략	전술전략	조직능력·기술력
1988년~ 1993년	일본식 교육제도 현장주의 노동 집약형 수출산업 중심 미국식 교육제도 독창성 중시	품질 납기 비용 중시 전략 중시 일본으로부터의 기술 이전	계층 조직 TQC 개선 능력 소집단 활동 제안 제도
	모든 것이 어설프고 제 각각 시스템 도입		
1993년~ 1997년 (회장의 회사 존속 위기)	신경영 톱다운 방식 경영전략 비서실 세계화 복합화 정보화 품질 중시 강한 성장 지향 자본집약형	일본 기술자로부터의 생산기술 전수 현장에서 외국인 노동자 증가 리버스 엔지니어링 중심	디자인 강화 본사의 인재 강화 응용연구 강화
	일본 따라하기 정책		
1997년~ (IMF 이후) (IMF 위기)	신경영 자원을 세계적으로 비교우위 사업에 집중, 나머지는 매각 마이클 포터의 이론에서 딴 산업 단위 전략	오픈 모듈화 형 제품개발에 특화 요소기술과 최첨단 제조장치는 일본에서 구입	글로벌 전략 조직의 강화 글로벌 마케팅실, 글로벌 전략기획실 등
	세계화에서 글로벌화로의 이행		

그림6 삼성그룹의 경영 전략 동향 (1988년~)

초췌해질 대로 초췌해진 재벌 오너

'위기감'과 '위기의식'이라는 말이 있는데 이 두 가지 말이 나타내는 것에는 큰 차이가 있다. 위기감이란 예를 들어 경기가 악화되었을 때 지금의 상황이 계속 지속될까 봐 불안감을 느끼고 '언제까지 참으면 좋을지 모르겠다'고 생각하는 수준의 이야기이다. 이후에 경기가 회복되면 잊어버리는 경우도 적지 않다. 이에 반해 위기의식이란 '스스로 살아남을 수 있을 것인가?'라는 생각이 들 정도로 신변의 위기를 느끼는 수준을 말한다. 이 때 단순히 불안감만 느끼고 대책을 세우지 않으면 아무것도 시작할 수 없다.

이건희 회장을 처음 만난 것은 1987년이었고 그 후에 다시 만난 것은 1993년이었다. 1993년 갑작스러운 전화를 받고 일본 삼성의 간부를 만난 후, 얼마 지나지 않아 이건희 회장을 직접 만나 삼성을 도와달라는 제안을 받았다. 이 시기는 IMF 위기가 닥치기 전 '프랑크푸르트 선언'에 근간을 둔 개혁을 추진하던 무렵이었다. 처음 만났을 때와 달리 다른 사람처럼 변한 모습에 깜짝 놀랐다. 처음 만났을 때는 오너 분위기가 물씬 풍기는 느긋한 모습이었지만 다시 만났을 때에는 얼굴 전체에 뾰루지가 나는 등 초췌해질 대로 초췌해진 모습이었다.

당시 이건희 회장은 갓 50대에 접어들었는데 마치 70세가 넘은 노인처럼 보였다. 나중에 비서에게서 들은 이야기로는 3

개월 동안 거의 자지 못했다고 하니 그 피로가 얼굴에 나타나도 이상할 것이 없는 상황이었다.

우선 일본의 경영자가 이런 몰골이 될 때까지 회사를 생각하고 시간을 들이는 일은 없다. 이건희 회장은 단순한 경영자가 아닌 한국 최고의 재벌 오너였다는 점을 생각하면 더욱 믿기 어려운 일이었다. 이 시기 한국인들은 삼성에 입사만 하면 평생 걱정할 일이 없다고 생각하던 때였다. 하지만 이건희 회장은 이미 상당한 위기의식을 갖고 있었다. 삼성이 개혁에 나섰을 당시에는 일본 것을 '베끼기'한 제품을 만들었기 때문에 일본제품보다 가격을 20% 낮추지 않으면 팔리지 않았다. 이 무렵 이건희 회장은 삼성 TV와 일본 TV를 비교한 적이 있었다고 한다. 외견은 별반 다르지 않아도 본체 속을 들여다보니 배선 하나만 해도 일본제품보다 자사제품은 난잡하기 짝이 없었다고 한다. 이를 확인하고 '아직 이런 제품밖에 만들지 못하느냐'고 격노했다고 한다.

또 외견은 비슷하지만 역시 디자인의 질에서는 차이가 났다. 간부 몇 명에게 로고를 지운 자사 TV와 일본 TV를 보여주고는 '둘 중에 무엇을 살 것인가?'를 물으니 하나같이 일본제품을 골랐다고 한다.

이런 제품만 만들면 이익률이 낮은 것은 당연하다. 이건희 회장은 한국 내에서는 최고기업 대우를 받더라도 세계를 상대로 했을 때 경쟁력이 낮다는 점을 직시하고 위기의식을 갖게 되었다.

위기감만으로는
아무것도 변하지 않는다

이건희 회장의 프랑크푸르트 선언과 그 이후 간부회의 때 언급했던 내용은 ≪신경영≫이라는 책에 잘 나와 있다. 이 책에서 이건희 회장은 '그룹 내 상호불신, 개인과 집단의 이기주의, 권위주의와 타율, 눈치 보기, 무책임과 같은 폐해가 만연해 있다'고 지적한 뒤 이러한 문제를 해결해야 한다고 말했다. 그럼에도 그 시점에는 아직 사원 대부분이 위기의식을 피부로 느끼지는 못했다. 회장이 그런 말을 하니 그저 지시에 따른다는 생각으로 개혁에 임했던 것이 사실이다. 이는 즉, 위기의식이 아닌 위기감의 수준이었다.

한국에서 삼성에 대한 신뢰가 절대적이라는 점을 생각해 보면 이렇게 사고방식에 차이가 나는 것이 당연할지도 모른다.

지금 일본경제는 오랜 불황의 늪에서 헤어나오지 못하고 있지만, 대기업에 다니는 사원이든 임원이든 대다수가 위기의식이 아닌 위기감 정도만 느끼고 있을 것이다. 나는 삼성을 그만두고 귀국한 뒤에 일본기업에서 강연할 기회가 많았는데 강연 후에 참가자들과 대화를 나누면서 이런 생각이 더욱 강해졌다.

기업 임원이더라도 경기가 회복되면 자연스레 회사 실적도 호전될 것으로 생각하는 사람이 존재한다는 사실에 적잖이 놀랐다. 위기상황에 빠진 회사를 재건하는 일은 그렇게 쉬운 일이 아니다.

생존을 건 사업매각과 원가절감

3장 첫머리에서도 언급했듯이 삼성 직원이라면 누구나 위기의식을 가질 수밖에 없는 상황이었다. IMF 위기 후 눈앞에서 끊임없이 구조조정이 진행되었기 때문에 당연히 이 같은 의식을 갖게 되었다. 이때 삼성은 사활을 걸고 다음과 같은 대책을 취했다.

- 삼성자동차를 르노에 매각할 것
- 삼성중공업 건설기계 부문을 볼보에 매각할 것
- 지게차 사업을 클라크에 매각할 것
- 한국 휼렛패커드의 지분을 HP에 매각할 것
- 삼성전자의 파워 디바이스 부문을 페어차일드에 매각할 것
- 방위산업을 톰슨에 매각할 것
- 항공기 사업, 발전 정비, 선박용 엔진 부문을 한국의 다른 기업과 합병, 구조조정 할 것

- 해외에 투자한 관련사를 모두 매각할 것
- 그룹사를 140개에서 83개로 매각해서 규모를 축소할 것
- 임원과 사원 급여를 30% 삭감할 것

이렇게 결심한 일을 차례로 단행했기 때문에 삼성은 재건에 성공할 수 있었다. 하나의 대책을 실행하는데도 일본기업은 이를 실천하기 위한 결단을 내릴 때까지 몇 개월 혹은 몇 년의 시간이 걸릴 수도 있다. 삼성이 일본기업과는 달리 빠르게 대응할 수 있었던 것은 역시 빠른 의사결정 속도가 가지는 장점을 잘 활용했기 때문이다.

이때 삼성전자에서는 약 12,000명의 직원이 강제 퇴직당했고 그룹 전체적으로는 16만 명이던 사원 수를 11만 5,000명까지 줄였다. 또한 철저히 경비를 감축했음은 두말할 필요도 없다. 특히 교제비나 회의비, 소모품비 등에 관한 각종 경비는 100% 삭감하였다. 다만 교제비가 전혀 없으면 영업에도 영향을 미치기 때문에 접대 등은 지정된 곳만 가도록 했다. 그 이외의 가게에서 식사할 경우 지출이 발생해도 일절 정산받을 수 없었다.

회의비는 회의 시의 식대 비용을 말하는 것으로, 이 항목은 완전히 삭제되었다. 또 소모품 등의 각종 경비도 정산에 반영되지 않았기 때문에 업무에 필요한 볼펜과 노트 등도 사원이

각자 준비해야 했다. 너무하다고 여겨질지 모르지만 이로써 불필요한 필기와 복사 문화가 사라지고 연락은 이메일로 주고받는 습관이 몸에 배게 되었다. 이를 통해 IT의 활용 범위가 확대된 것은 예상 밖의 성과였다.

이처럼 환경이 변하면 의식도 바뀐다. 삼성은 매년 취업 준비생들이 가장 가고 싶어 하는 회사 중에 하나이다. '대한민국은 삼성공화국'이라는 말이 있을 정도로 절대적인 위치를 자랑하는 삼성이지만 '어쩌면 삼성이 망할지도 모른다'는 의식이 이 때 처음으로 싹 틔게 되었다. 혹여 삼성이 살아남더라도 사원 개개인의 고용은 보장되지 않는다. "나는 살아남을 수 있을까?" 사원 모두가 이 문제에 대해 진심으로 고민하기 시작하면서 표면적인 위기감이 아닌 진짜 위기의식을 갖게 되었다. 이 때부터 삼성은 진정한 경쟁력을 갖추게 되었다.

일본인 중에는 아직도 한국의 전자제품이 한 등급 떨어진다고 생각하는 사람이 많을지도 모른다. 그러나 삼성의 브랜드파워는 이미 일본의 1등 기업을 능가할 정도로 강력해졌다. 그리고 예전과는 반대로 일본 1등 기업 제품보다 20% 비싸게 가격을 설정해도 삼성제품이 더 잘 팔리는 상황도 나오고 있다.

위기상황 시의 경영 철칙

이건희 회장은 ≪신경영≫에서 당시 삼성이 위기의식을 가지고 개혁을 추진해야 하는 필요성을 느낀 이유에 대해서 서술했다.

제일 먼저 꼽은 이유는 세계적인 환경의 변화였다. 이건희 회장은 냉전 시대가 막을 내림으로써 강국이 약소국을 지원하고 보호하는 시대가 끝났다는 점과 세계의 무역구조가 변하고 있는 점 등을 이유로 들며 '약육강식의 시대가 될 것'이라는 것을 분명히 예견했다.

어떻게 하면 살아남을 수 있을지 생각한 끝에 도달한 결론이 '박리다매식 경영'에서 '질을 중시한 경영'으로 전환하는 것이었다.

그 무렵 한국제품은 싸구려라는 이미지가 강했기 때문에 이를 씻어내지 않는 한 일본과 구미 선진국 기업과 경쟁할 수 없다고 판단했다. 세계시장에서 일본제품을 누를 만한 제품을 만드는 것을 사명으로 삼았다. 삼성전자의 기존 입장과 180도 다른 대개혁이었다. 그래서 이건희 회장은 '아내와 자식만 빼고 다 바꿔라'고 표현했다. 이 말은 1993년에 내가 이건희 회장을 다시 만났을 때도 직접 들은 말이었고 ≪신경영≫에도 나와 있는 내용이다. 이렇게 경영 방침을 대전환하면서 '정보화', '국제화', '복합화'를 중요한 키워드로 제시했다.

위기상황에서의 경영 철칙은 세 가지가 있다. 그 세 가지란 '사회의 변화와 이런 변화에 따라 앞으로 상황이 어떻게 바뀔지 주시할 것', '새로운 질서에 따라 누가 지배 측이 될지 재빨리 파악할 것', '사회의 변화와 그 요구에 신속히 대응할 것'이다. 이건희 회장이 프랑크푸르트 선언을 통해 추진하고자 했던 개혁은 이러한 점에 근간을 두고 있었다.

'3PI 운동'이라 불리는 개혁

'프랑크푸르트 선언'이 있었던 1993년 이건희 회장은 이전까지 사용하던 '三星'이라는 회사명을 '삼성'으로 바꾸면서 지금 사용하고 있는 로고마크도 발표했다. 이 로고의 타원은 우주와 세계를 뜻한다. 그리고 SAMSUNG의 첫 글자인 'S'자와 마지막 'G'자는 타원에 붙어있는데 이는 지역사회 그리고 세계와 이어지고 있음을 뜻하는 것이다.

또 한 가지 의미가 더 숨어 있는데, 세계를 제패한 후 은하로 가자는 장대한 꿈이 감춰져 있다는 사실을 회장 비서에게서 들었다. 이건희 회장은 기업의 존속이 위태로울 정도로 위기상황을 맞고 있었음에도 이토록 원대한 구상을 할 수 있었던 인물이다.

이렇게 삼성은 글로벌 기업을 목표로 새로운 출발을 준비하고 있었다. 이 때 추진한 것이 '퍼스널 이노베이션(Personal Innovation, 의식 혁신)', '프로세스 이노베이션(Process Innovation, 과정 혁신), '프로덕트 이노베이션(Product Innovation, 제품 혁신)'으로, 이를 한데 묶어 '3PI 운동'이라고 부른다.

프로세스 이노베이션에 관해서는 이미 앞서 간단한 개요를 서술한 바 있다. 글로벌화 된 제조업에 대응할 수 있도록 정보 시스템을 구축하는 것을 목적으로 삼고 있으며 내가 삼성으로부터 제안을 받은 것도 이 때문이었다.

퍼스널 이노베이션은 사원의 의식개혁으로 그룹 내 문화 자체를 변화시키는 혁신을 말한다. 그룹 내에서는 '퍼스널 이노베이션을 가장 먼저 추진해야 한다'는 인식이 있었다. 따라서 IMF 사태가 터지기 전에 사원 의식개혁을 추진할 수 있었고, 결국 IMF 위기 이후 비약의 원동력이 되었다. 아무리 조직을 바꾸려고 해도 실제로는 한 사람 한 사람의 의식과 능력, 의사결정 역량이 결과를 좌우하기 때문이다. 처음에는 별다른 성과가 없던 개혁 사례도 있었지만, 퍼스널 이노베이션을 통해 크게 달라진 점은 다양한 교육제도를 도입하게 된 점이다. 그중에서도 그룹 전체의 사원교육을 담당하는 '인재개발원'의 커리큘럼 변경은 삼성의 변화에 많은 역할을 했다.

인력개발원은 원래 일본기업의 사원 연수시설을 본떠 그룹 소유의 광대한 부지 내에 세운 시설이다. 수백 명이 숙박 가능한 시설로 개혁 전에는 일본의 사원교육과 매우 유사한 커리큘럼으로 연수를 진행했다. 그러나 개혁 후에는 사원을 며칠 동안이나 합숙시키며 글로벌화 전략을 철저히 훈련하는 교육을 실시했다. 한국은 개인주의 국가이기 때문에 개인적인 시간을 업무로 빼앗기는 것을 싫어한다. 연수 기간 중에 외출도 허용하지 않는 제도에 반발이 심했을 거라 예상하기 쉽지만, 불만의 목소리는 거의 들리지 않았다. 이유는 어느 정도 사원을 배려해서 연수를 시행했기 때문이다. 예를 들어 연수 기간이라도 휴일에는 가족들이 연수원을 방문하는 것이 허용되어서 광대한 부지에 펼쳐지는 대자연 속에서 가족과 함께 여유로운 시간을 보낼 수 있었다.

인력개발원의 연수와 직접적인 관계는 없지만, 자녀가 있는 사원을 대상으로 초등학교에서 대학교까지의 등록금을 모두 회사가 부담하는 제도가 있다. 이처럼 삼성은 사원을 소중히 여긴다. 사원의 생일이나 결혼기념일에는 이건희 회장 명의로 선물을 보내는 세심한 배려도 회사에 대한 사원의 충성심을 고양했음에 틀림없다.

퍼스널 이노베이션과 프로세스 이노베이션이 있어야 프로덕트 이노베이션이 성립된다. 이 혁신을 통해 국제적인 경쟁력 향상을 목표로 지금까지와는 전혀 다른 방향성을 가진 제품을 만들기 위해 개발역량을 연마했다.

참고로 말하자면, 프로덕트 이노베이션에 입각한 실질적인 1호 제품이 '명품'이라는 이름의 TV이다.

이 개발은 1994년부터 1995년까지 'S 프로젝트(회장 프로젝트)'라는 특별 태세 아래 추진되었다. 이 S 프로젝트의 책임자는 TV 개발 경험이 전혀 없던 내가 맡았다. 이유는 디자인에서 설계까지 모든 단계를 3차원 CAD를 사용해서 만들기로 했기 때문이다. 그 성과는 S 프로젝트로 확실히 드러났다. 기존 방식으로는 18개월 걸리던 개발기간을 12개월로 단축할 수 있었고 비용도 30% 감축할 수 있었다. 게다가 품질도 현저히 향상되었다.

'프랑크푸르트 선언' 이후의 대개혁에서 이런 성공사례가 줄줄이 잇따른 것은 아니었고 사실 제대로 진행되지 않은 부분도 많았다. 그러나 IMF가 터지고 황급히 개혁에 나선 것이 아니라 진짜 위기가 닥치기 전에 이러한 사태를 예견한 이건희 회장의 선언이 계기가 되어 개혁에 착수했기 때문에 큰 위기를 극복할 수 있었다.

전략과 운영

　리더에게 중요한 것은 필요할 때 명확한 위기의식을 갖는 것이다. 이를 위해서는 올바른 정보를 전달해 주는 우수한 '참모'를 옆에 두는 것이 중요하다. 신뢰할 수 있는 참모가 없는 고독한 경영자를 '벌거벗은 왕자님'에 빗대기도 하는데 주위에 사람이 없다면 리더로는 실격이다. 조직의 구성원이나 자금을 상황에 따라 가장 적절한 방법으로 움직일 수 없기 때문이다. 여러 명의 참모와 조언자의 말에 귀를 기울여 대책을 세우고 자신이 생각한 대책을 참모와 조언자를 통해 실행에 옮기도록 해야 한다.

　일본이나 한국이나 인재는 반드시 있기 마련이다. 공무원이나 종합연구소만 보더라도 특출난 능력을 갖춘 사람을 자주 발견할 수 있다. 이런 인재를 채용하고 육성해 참모로 키우는 것보다 더 이상적인 인재 육성 방법은 없다. 이건희 회장의 참모는 판단을 내릴 때마다 회장에게 보고하지 않는다. 회장이라면 이렇게 할 것이라는 식으로 95% 이상 회장과 같은 생각을 하고 있다고 자부한다.

　이런 참모가 모여 삼성그룹 전체를 움직이는 사령탑의 기능을 하는 곳이 '비서실'이다. 이는 한국 재벌에서 볼 수 있는 독특한 조직으로 법인조직이 아니라 형식적으로는 그룹 내의 각 기업에 소속되어 있다. 비서실에는 재무계 엘리트가 약 200명,

기술계 엘리트가 약 200명으로 모두 합해 400명이 모여 있다. 일본에서는 우수한 성적으로 도쿄대를 졸업한 대부분의 사람이 관공서를 목표로 하지만, 한국은 인재들이 삼성으로 몰린다고 한다. 이렇듯 최고의 두뇌가 모여 있기 때문에 많은 인재가 그룹 내에 있다. 400명이나 되는 인재를 선발해 참모로서 직무에 배치하고 있는 점을 보면 참모의 존재가 얼마나 중요한지 잘 알 수 있을 것이다.

비서실은 김대중 정부 시절 재벌해체가 이루어지는 과정에서 명칭이 1998년부터 '구조조정본부'라는 이름으로 바뀌었다. 기술계 엘리트 200명은 그룹 내의 기업으로 재배치되었고, 재무계 엘리트 200명은 이후에도 이건희 회장의 참모 역할을 담당하고 있다. 또한, 일본에서는 최고 경영자가 전략을 세우면 전략을 세운 사람이 전략을 진두지휘하려는 경향이 있지만, 사실 이것은 잘못된 방법이다.

삼성은 이건희 회장이 전략을 세우면 후일은 실행하는 능력이 뛰어난 사람에게 일임한다.

전쟁을 예로 들어 생각해도 마찬가지이다. 지휘관이 방향성을 제대로 제시하면 그 이후에 전략을 실행하는 것은 현장 지휘자에게 맡겨야만 한다. 현지 상황은 매일 시시각각 바뀌는데 현장에서 멀리 떨어져 있는 지휘관이 이후의 일까지 개입하면 현장에 혼란을 가져올 뿐이다.

나는 일본의 방식이 무조건 나쁘다고 단정 짓는 것이 아니다. 그러나 전략과 실행이 분리되지 않았거나 전략보다 실행을 우선해서 추진하는 것은 잘못된 것이다. 예를 들어 제작 비용을 줄여서 새로운 제품을 출시하는 경우를 살펴 보면 이해하기 쉽다. 상품을 어떻게 제작하고 어떤 부분에서 비용을 낮출 것인지 현장의 작업자 중심으로 추진한다면, 실현 방법에 대한 검토가 반복되어 의사결정이 늦어지고, 실제 작업에 착수하기 어려워진다. 그러나 먼저 전략이 정해지면 현장은 우선 그 전략에 맞추어 움직이면 된다. 이 부분이 제품을 시장에 내놓기까지 걸리는 시간이 달라지는 결정적인 요인이다.

전략은 구체적인 것이 아니라 추상적이어야 한다

삼성이 디자인 혁명에 나섰을 때 이건희 회장은 '고객은 가장 먼저 디자인으로 마음이 움직인다'라는 말을 했을 뿐이고 어떻게 개혁을 추진해 나갈 것인지에 대해서는 현장의 판단으로 진행되었다는 사실은 앞 장에서 서술한 바 있다.

그뿐만 아니라 이건희 회장은 '항상 재무제표를 생각하라'는 힌트도 언급했다. 이 말의 의미에 대해 간부들이 심사숙고해서 기업의 체질 개선을 위해 노력했다. 조직의 최고경영자가 작은 일까지 모두 지시를 내리면 밑의 사람들은 단지 이를 실행에 옮기는 존재가 될 뿐이다. 지시를 기다리는 사람은 글러먹었다는 말이 있는데, 사소한 일에도 지시를 내리는 것은 문제가 있다. 이건희 회장 같은 방법을 취한다면 아래 사람들은 '스스로 생각'하는 것이 습관이 되어 사고 역량을 키워나갈 수 있다. 이런 환경을 조성하고 위기 시에도 강한 조직으로 만들어 나가는 것도 리더의 역할이라고 할 수 있다.

전략은 구체적이어야 한다고 생각하기 쉽지만, 사실은 정반대이다. 전략의 내용은 구체적이라도 부하에게 전달할 때는 추상적이어야 한다. 전쟁도 마찬가지로, 전략을 구체화하는 것은 본래 금기사항이다. 상대의 전략을 알면 그에 대한 대책을 쉽게 세울 수 있다. 하지만 전략이 외부로 유출되면 적에게 자신의 패를 보여주는 꼴이 된다.

전략을 적이 눈치채지 못하게 병사와 부하를 움직이는 것이 경쟁에서 승리를 거두기 위한 비결이다.

'고객은 가장 먼저 디자인으로 마음이 움직인다'는 말과 '항상 재무제표를 생각하라'는 말을 제3자가 들어도 그것을 전략으로 받아들이는 일은 없다. 그러나 그것을 들은 부하들이 이건희 회장의 진의를 파악한다면 이야기는 달라진다. 이건희 회장은 힌트를 준 다음 '무언가 좋은 생각이 있으면 알려 달라'고 자주 말한다. 그리고 부하들이 '이러한 것은 어떨까요?'하고 제안하면 '그렇군. 잘 알겠네. 하지만 이것은 너무나 상식적인 방법이야. 더 상식에 얽매이지 않는 아이디어를 내 보게'라는 식으로 되물으며 판단을 유도했다. 결과적으로는 이건희 회장이 머릿속에 그린 전략대로 움직이는 셈이다.

톱다운 방식은 '상의하달'과 같은 뜻이다. 이 경우, 상층부가 정한 일은 이유를 불문하고 들은 대로 하면 된다는 뜻이 되는데 이건희 회장의 방법은 이와 정반대이다. '이렇게 하면 어떨까요?'라고 아래 사람에게 제안하도록 한 뒤 '좋은 생각이네', '다시 한 번 생각해보게'라는 말로 판단을 내린다. 이는 이른바 '하의상달' 방식이다.

"말을 줄이고 스스로 생각하게 한다."

이것이 이건희 회장이 사람을 움직이는 방법이다. 글로벌화가 진행된 시대이기 때문에 더더욱 위에 기대지 않고 스스로 길을 개척하기 위한 '판단력'을 길러야 한다. 이론적으로도 이 방법이 적합하다.

또한, 사원이 큰 임무를 지더라도 최종적인 판단은 최고경영자가 내리기 때문에 판단에 오류가 있다면 그 책임은 최고경영자가 진다.

이렇게 인재를 육성하며 움직이는 것이 최고 경영자의 역할이라고 할 수 있다. 결정은 최고경영자가 할 일이라고 생각하기 쉽지만, 최고경영자가 내리는 것은 결정이 아닌 판단이다.

일이 빠르게 진행될지는 몰라도 책임을 상층부에 떠넘기는 상황에서는 신속하게 의사결정을 내릴 수 없다. 모두가 상층부의 '지시'만 기다리게 되기 때문에 실행에 옮기는 시점이 항상 늦어진다.

본사와 사업장의 관계

삼성에서는 2000년 이후 톱다운 방식에서 보텀업 방식으로 바꾸었지만, 어느 조직이나 무엇을 톱다운 방식으로 하고 무엇을 보텀업 방식으로 할지 확실히 해두어야 한다. 전체적인 전략을 제시하는 일은 반드시 톱다운 방식으로 처리해야 한다.

조직이 앞으로 나아가야 할 방향성을 구체화함으로써 아래 사람들은 망설임 없이 움직일 수 있다. 그리고 그때에는 아래 사람에게 어느 정도 재량권을 부여하는 것이 좋다. 이를 통해 자신의 역할에 보람을 느끼고 전략적으로 움직이게 된다.

반대로 사소한 문제는 보텀업 방식이 적절하다. 전략과 실행은 나누어 생각해야 한다는 주장과 같은 개념으로 상층부가 현장의 문제까지 지시를 내리기보다는 맡기는 것이 좋다. 판단의 질과 속도, 두 가지를 모두 높이는 밑거름이 된다.

일본기업은 역할 분담이 애매한 경우가 많다. 특히 제조업으로 승부를 겨뤄 온 기업은 품질을 생명처럼 여겨 왔기 때문에 생산현장의 힘이 지나치게 강해진 것 같다.

일본 업체 중에는 공장 이름으로 브랜드를 만드는 사례도 나오고 있는데, 이 자체가 현장의 힘이 얼마나 센지를 보여주는 좋은 예라고 할 수 있다. 전략적으로 홍보되기 때문에 소비자에게도 브랜드 이미지를 심어주는 효과가 있을 수도 있겠지만, 원래 소비자는 공장의 이름이 아닌 회사명을 보고 제품을 고른다. 또한, 생산현장에서 좋은 물건을 만드는 것을 중시하는 것도 중요하지만 이러한 자세가 '과잉품질'로 이어지는 경우가 있다면 어떻게 바라봐야 할까? 과잉품질로 인해 비용이 향상되고 가격이 올라가면 소비자와 기업 모두에게 악영향을 미친다.

삼성은 현장에 사소한 지시를 내리지 않는다고 앞서 서술한 바 있다. 현장에서 판단할 일을 현장에 맡길 때 현장에 있는 사람들이 스스로 생각하게 된다. 그러나 한 가지 오해하지 말아야 할 부분은 삼성이 제품의 모든 제조과정을 현장에 맡기고 있지 않다는 것이다.

제품의 기획과 설계, 그리고 어느 정도의 비용을 들여 어떤 품질의 제품을 만들 것인가에 대한 부분은 기본적으로 본사 주도로 이루어진다. 그러므로 생산현장이 중시하는 점이 제품에 강하게 드러나지 않는다. 이렇게 균형이 잘 잡혀있을 때야 비로소 소비자가 추구하는 상품을 제공할 수 있으며 경쟁력 있는 기업으로 성장해 나갈 수 있다.

삼성은 마쓰시타 고노스케의 정신을 이어받았다?

나는 일본이 한국으로부터 무조건 배워야 한다는 말을 하고자 하는 것이 아니다. 다만 일본기업에서 성장하고 일본의 상식을 갖춘 내가 한국에서 이건희 회장의 방식을 직접 경험했을 때 큰 충격을 받은 것은 사실이다. 마치 장님이 눈을 뜨게 된 것처럼 많은 면에서 충격을 받았다.

이런 말을 하면 이건희 회장이 일본과는 정반대의 방식만 취하는 사람이라고 생각할 수도 있지만, 꼭 그런 것은 아니다.

이건희 회장은 마쓰시타 고노스케로부터 많은 부분을 배우고 그 정신을 일본인 그 누구보다도 잘 계승하고 있다. 10년 가까이 한국에 있으면서 이 사실을 실감할 수 있었다. 앞 장에서도 언급했듯이 삼성이 CS 센터를 통해 고객의 불만을 파악하는 배경에 있는 '고객이 제일이다', '불평불만에 귀를 기울여라'라는 정신은 마쓰시타 고노스케의 가르침과 일치한다. 또한, 마쓰시타 고노스케는 1975년 무렵에 '앞으로 마쓰시타가 아무리 큰 기업이 되더라도 성실하고 겸손한 마음을 잊어서는 안 된다'고 말한 적이 있는데 이건희 회장도 프랑크푸르트 선언 때 '항상 위기의식을 가져라, 삼성이 아무리 커져도 교만해서는 안 된다'고 말한 바 있다. 삼성 간부들이 마쓰시타 고노스케 역사관을 방문한 적도 있다. 이건희 회장이 마쓰시타 고노스케의 정신을 본받아 이를 실천하고 있음이 틀림없다.

삼성은 일본에서는 생각하지도 못할 일만 하는 것이 아니라 일본인이 잊어버린 정신으로 제조하고 서비스를 제공하고 있다.

마쓰시타 고노스케가 언급한 '장샷속'은 다섯 가지-①고객이 제일이다 ②고객의 목소리를 들어라 ③사용하는 사람의 입장이 되어 만드는 혼을 담은 제조업 ④손해 보고 이득 보는 서비스 정신 ⑤돈이 되지 않으면 의미가 없다는 이익관-로 요약할 수 있다. 이 다섯 가지를 삼성의 경영 방식과 비교해 보자.

①, ④는 불평불만에 귀를 기울여 불량품이 나왔을 때 바로 수리해서 고객이 기다리지 않도록 하는 CS 센터 방식과 일치한다. ②, ③은 지역전문가를 육성하고 고객의 목소리를 반영한 지역 밀착형 제조업을 구축한 것이 그 예이다. ⑤번 가르침도 당연히 삼성의 경영 방식에 살아 숨 쉬고 있다. 영업 이익률 두 자리 수 이상, ROI(투자 자본 수익률) 10% 이상을 목표로 설정하고 있다. 글로벌 기업에서는 영업 이익률 두 자리 수를 채우지 못하면 최고경영자가 교체되는 것이 당연한 일이다. 배움이

란 지식을 축적하는 것만을 가리키는 것이 아니다. 배운 것을 자신의 기업문화에 반영해서 실천하는 것이 중요하다.

이를 실행으로 옮기기 위해서는 계획(Plan)⇨실행(Do)⇨평가(Check)⇨개선(Act)의 앞글자를 딴 'PDCA 사이클'을 반복해야 한다. 일본기업에서는 PDCA 사이클을 반복하지 않고 마치 배탈이라도 난 것처럼 PPPP를 계속하며 계획만 짜다가 끝나는 경우가 많다.

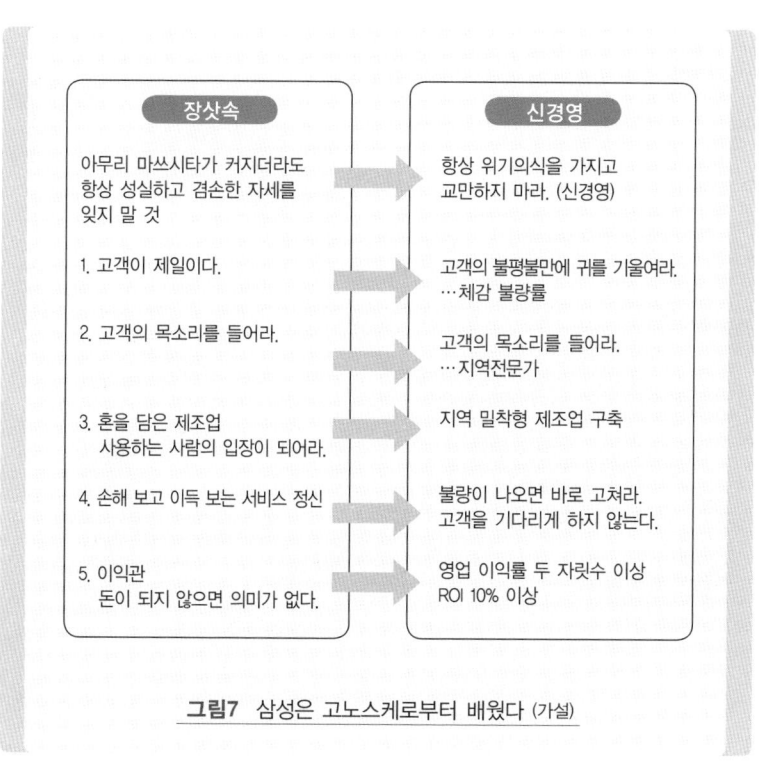

그림7 삼성은 고노스케로부터 배웠다 (가설)

쓰라린 고통

여러분이 삼성의 성공에서 배웠으면 하는 점은 방법론이 아니라 이런 방식을 취하게 된 배경이다. 이건희 회장만 해도 마쓰시타 고노스케의 말이 의미하는 바를 진지하게 생각했기 때문에 삼성의 미래를 개척할 수 있었다. 물론 이 같은 결론에 쉽게 도달한 것은 아니었다. 고민에 고민을 거듭하고 고뇌하면서 살아남기 위해서 어떻게 해야 하는가를 수없이 생각한 후에 추진한 개혁이다. 쓰라린 고통은 정말로 참기 힘든 것이었다. 국가를 대표하는 재벌회장이 3개월 동안 거의 잠을 자지 못해 눈이 충혈되어 귀신같이 무서운 얼굴을 하고 있었다. 이렇게까지 회사의 장래를 생각하는 경영자가 지금 일본에 과연 있을까?

회사원이라면 자신이 속한 회사의 경영자가 그렇지 않다고 변명하며, 본인 자신도 그 정도밖에 노력하지 않는 경우도 많을 것이다.

젊은이들에게 '3개월이라고는 하지 않겠다. 3일이라도 자지 않고 무언가에 대해 생각해 본 적이 있는가?'라고 묻곤 하는데, 이런 질문을 할 때마다 입을 다무는 사람이 대부분이었다. 다시 한번 말하자면 위기의식을 가지고 목숨을 걸고 달라붙는 자세가 없으면 아무것도 변하지 않는다. 예를 들어 일본을 대표하는 초일류 기업의 과장에게 '5년 후 자신의 모습을 상상할 수 있습니까?'하고 물었더니 '부장이 되어있겠죠'라고 대답한 적이 있다. 그래서 '어느 회사의 부장 말씀이십니까?'하고 되묻자 그런 질문을 하는 것 자체가 이상하다는 얼굴로 자신이 근무하고 있는 회사의 이름을 말했다. 그 회사가 제 아무리 초일류 기업이라도 5년 후에도 존재할 것이라는 보장이 있는지 묻고 싶었다.

어디에도 그런 보장은 없다. 또한, 이런 생각을 해 본 적이 없다는 것 자체가 문제이다. 예전에는 괜찮았을지도 모르지만, 지금은 시대가 달라졌다. 두 손을 놓고 있어도 앞길이 창창한 조직은 어디에도 찾아볼 수 없다. 위기의식을 갖는 것이 우리 모두에게 중요하다.

제 5 장

[글로벌화 시대의
'제조업']

'제품'의 세계와
'제조'의 세계

글로벌화가 진행 된 지금 다시 한 번 제조업을 생각해 볼 필요가 있다. 나는 예전부터 '제조'와 '제품'을 나누어서 생각해야 한다고 제안했다. 지금까지 일본은 제조 부문에만 집중했고, 품질과 생산성을 향상하는 데에만 힘을 기울여 왔다. 그러나 신흥국 시장에서 전 세계의 기업과 시장점유율을 쟁탈하는 시대에 접어든 지금, 제품에 관해 생각하는 것이 중요해졌다.

나는 제품은 이치의 세계에 속하고, 제조는 기(氣)의 세계에 속한다고 본다. 이치는 머릿속의 세계, 기는 손발을 움직이는 세계이다. 여기서 말하는 제품이란 인공물을 말하는 것이 아니라 제품을 구상하는 것을 말한다. 소비자가 무엇을 원하는지 생각하는 힘은 제품의 세계(이치의 세계)에 속하는 것으로, 나는 이것을 '설계사상'이라고 부른다. 부가가치를 창출하는 능력이라고도 할 수 있다.

고전문학자인 나카니시 스스무는 약 10,000년 전에 존재했던 몬조 시대부터 일본인의 DNA에는 제품을 생각하는 유전자가 있었다고 주장한다. 멜라네시아(Melanesia, 오스트레일리아의 섬 이름-옮긴이)에서 전승된 '마나 신앙'(Mana라 불리는 초 자연력에 대한 신앙, 멜라네시아인은 예술이 발달하고 전통적인 화폐 등에 의한 교역 활동이 성행했다-옮긴이)의 Mana가 Mono(일본어로 제품이란 뜻-옮긴이)의 발음으로 변했고, 이 말이 존재 그 자체가 아닌 '세월에 따라 변화하는 힘'을 가리키게 되었다고 주장한다. 이 힘을 형상화한 것이 몬조식 토기이다. 이렇듯 제조업이란 초 신앙적인 힘, 강한 염원을 제품(Mono)으로 만들어 내는 프로세스라고 할 수 있다.

그러나 현대 일본인들은 제품과 제조를 하나로 생각하게 되었고, 제조 부문은 강해도 제품 부문의 경쟁력은 매우 약해졌다. 그리고 일본기업들은 사용자가 무엇을 원하는지 고려하지 않고, '이 제품 멋지지 않습니까?'라는 식으로 자랑하듯 내놓는 프로덕트 아웃 방식(Product-out : 공급자 중심의 전통적인 사고방식-옮긴이)이 고착되고 있다. 이는 진심으로 제품을 고려하는 자세와는 거리가 멀다.

그러나 글로벌화가 진행된 사회에 대응하려면 이전처럼 제조에 집중하는 것이 아니라 제품으로 전환해야 한다. 유럽과 미국의 관계를 생각해 보면 예전에는 유럽이 제품을 구상하고 미국이 제조를 담당하던 시대가 오래 계속되었다. 유럽에서는 대학을 아카데미라고 부르고 소르본 대학교를 비롯한 몇몇 대학교를 제외하고는 공학부가 있는 곳이 적은 것도 이런 점에서 유래되었다. 유럽은 구상 부문을 담당하고 제조는 이민국가인 미국에 맡겼다. 1980년대에 제조 부문에서 일본이 두각을 나타내자 미국은 '하드웨어에서 소프트웨어'로 주력 부문을 전환했다. 그 후 마이크로소프트와 구글 등의 기업이 설립되었다. 21세기 들어 산업 구조가 크게 변한 시점에 일본은 1980년대 미국처럼 산업구조의 큰 그림을 다시 그려야 했었다.

루이뷔통 비즈니스

제품의 세계를 소홀히 하고 제조의 세계에만 집중하면 어떻게 인건비를 낮출 것인가, 어떻게 생산의 리드 타임(발주에서 납품까지 소요되는 생산 시간)을 단축할 것인가와 같은 비용감축 경쟁에 몰두하게 된다. '제조' 부문을 예로 들자면 한국도 앞으로는 중국에 뒤처지게 될 것이고 그 이후에는 중국에서 인도, 인도에서 중동, 중동에서 아프리카로 지역 비중이 옮겨갈 것이다.

'제품'에서 승부를 내지 못하면 미래가 불투명하다. 루이뷔통의 임원들과 이런 이야기를 나눈 적이 있다. 그들은 '재료가 2,000엔짜리라도 제품(설계사상)을 통해 20,000엔에 팔 수 있도록 하는 것이 비즈니스다', '비용감축에 대해서 생각해 본 적이 없다'는 식으로 말했다.

또 제조 부문을 어디에 위탁하고 있는지 물어보니 '임금이 비싼 한국에 맡기고 있다'며 한국의 인건비는 중국의 3배가량 비싸지만, 그만큼 한국에서 만드는 제품은 신뢰할 수 있다는 것이었다. 또한, 임금이 싸다고 해서 아무 데나 대충 맡기면 브랜드 이미지가 훼손되기 때문에 중국 등지에 생산을 위탁할 수 없다고도 말했다.

이런 사고방식과 더불어 '제품' 부문에서도 승부를 낼 수 있었기 때문에 재료비가 2,000엔인 상품도 20,000엔에 팔린다. 그렇다면 3,000엔으로 낮출 수 있는 가공 인건비가 10,000엔이 되어도 큰 문제가 되지 않기 때문에 루이뷔통에서는 이렇게 비즈니스를 전개하고 있다.

이처럼 제품 부문이야말로 향후 비즈니스의 관건이 된다. 물론 이러한 이야기가 루이뷔통 같은 패션업계에 국한된 것은 아닙니다.

Mac 시리즈 컴퓨터와 iPhone 등의 제품으로 부동의 자리를 구축한 애플만 해도 본사는 제품을 고안하고 제조 부문은 해외에 맡기는 방법을 도입하고 있다. 애플은 제품 부문에서 전 세계의 사람들의 가슴을 뛰게 하는 상품을 내놓는 것이 강점이다.

애플이 출시하는 제품은 더 이상 부가가치가 어디에 있는가가 아닌 제품의 상상력이란 무엇인가에 대해 가르쳐주는 상품으로 자리잡고 있다. 앞으로의 비즈니스는 이런 부분에서 승부를 내야 한다.

열린 제조업

지금까지 한결같이 제조에 힘을 기울여 온 일본 제조업은 공장시설을 무조건 확충하고 부품 하나하나까지 자사에서 만들고자 노력을 기울이는 경우가 많았다. 마케팅과 개발을 위한 시설을 공장 내에 두는 곳도 있었고, 완전한 수직통합형 구조를 보이고 있다.

포드는 1908년에 T형 포드라는 명차를 출시할 때 대량생산 시스템을 도입했고 이는 산업의 역사적인 전환점이 되었다. 샤시를 1단에서 만들고 차체를 2단에서 조립하는 하이랜드 파크 공장의 '2층 라인'은 널리 알려졌다. 하지만 그로부터 100년이나 지난 지금, 일본 공장은 이와 유사한 공장을 짓고 있다. 수직통합형은 동일규격의 제품을 대량생산하기에는 적합하지만 이런 공장에서 세계의 고객과 소비시장을 파악할 수 없다.

기존의 좁은 관점에서 바라본 제조업은 '제조업의 생산현장'에만 주목했다. 그러나 앞으로는 '열린 제조업'의 관점에서 '제조업의 생산현장'과 더불어 '제조업의 개발·구매·판매현장'까지 시야를 넓혀 생각해야만 한다.

열린 제조업이란 기존의 생산현장이 그러하듯 단순히 제품을 만드는 것이 아니라 고객에게 가치 있는 설계정보를 제품으로 만들어 내는 것을 말한다. 따라서 공장의 생산현장에 갇힌 프로세스가 아닌 기회·개발·구매·생산·판매·협력사·고객, 더 나아가 고객의 고객까지 포함하는 '열린 프로세스'를 고려해야 한다.

예를 들어 신흥국 시장에 진출할 때는 '판매방법'에 관한 부분도 다시 살펴봐야 한다. 현재 일본에서는 전자제품을 대형 가전제품 매장에서 구매하는 경우가 대부분이다. 그러나 신흥국에서는 이와 같은 대형 가전제품 매장이 없기 때문에 기업의 역할이 제품을 만드는 것에 그치지 않는다. 예전에는 일본도 지역 대리점과 업체가 밀접한 관계를 맺고 있었다. 상품을 판매한 후에도 궁금한 점이 있거나 고장이 나면 바로 달려가서 서비스해 주었다. 이러한 점을 일본인은 잊고 있는 것이 아닐까? 기업 측도 소비자보다 오히려 대형 가전제품 매장을 고객이라고 여기는 것 같다. 이러한 사고방식을 버리고 판매현장에서 고객의 얼굴을 보고, 목소리를 듣고 이를 상품에 반영하는 자세가 필요하다.

또한, 제조업이라고 하면 일본인은 우선 전자제품이나 자동차 등 공업제품을 머릿속에 떠올리는 경우가 많다. 그러나 소프트웨어개발과 서비스 제공을 포함해 제조업을 생각해야 함은 두말할 필요가 없다.

지금 료칸(일본식 전통 여관-옮긴이)의 접객 등 일본식 접대 문화가 세계적으로 높은 평가를 받고 있는 것처럼 서비스 또한 중요한 상품이다. 고객이 만족할 만한 서비스를 제공하기 위해 고심하는 것도 제품의 세계에 속하는 이야기이다. 제품(설계사상)을 아이디어로 채워나가는 것이 제조업이고 제품(설계사상)을 사람으로 채워나가는 것이 서비스업이다.

서비스업도 제조업의 사고방식과 동일하다. '서비스 현장', '서비스업 개발현장'이라는 넓은 관점으로 바라보고 상품 역량을 향상시켜야 한다.

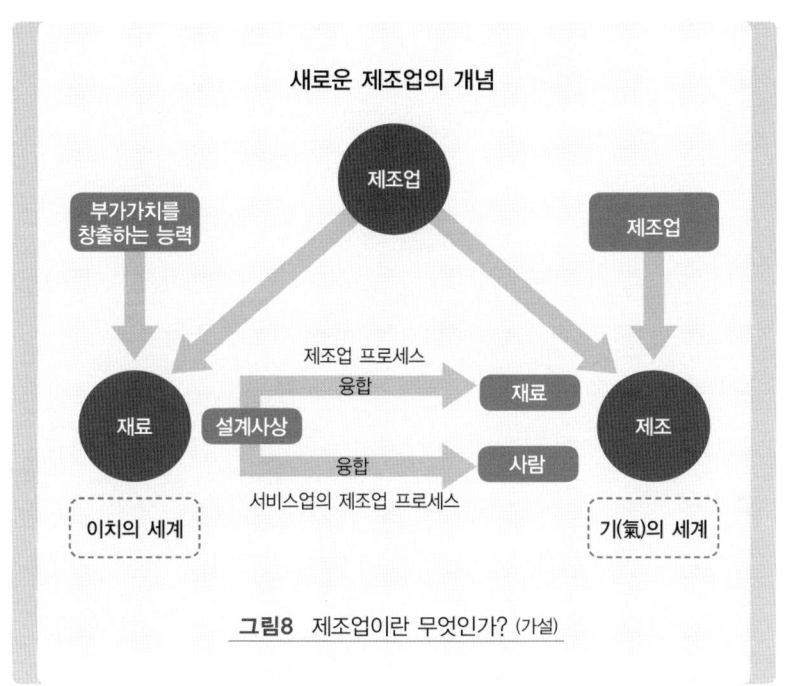

그림8 제조업이란 무엇인가? (가설)

구글과 애플의 성공

제조 부문의 경쟁력은 지금도 일본이 세계 최강이라고 할 수 있다. 하지만 이것만으로는 승부를 내지 못하는 시대에 접어들었다. 일본이 지금까지 구축해 온 것들을 생각하면 제조 부문을 완전히 버리는 것은 어려울지도 모른다. 사실 그럴 필요도 없다. 그러나 앞으로는 제조 부문은 외부공장에 맡긴다는 생각으로 제품 부문에 집중해야 한다. 그리고 고객이 실제로 볼 수 있는 경쟁력인 브랜드 파워, 광고·선전, 서비스, 가격 등을 고려하는 데 힘을 기울여야 한다.

경쟁력이란 고객이 그 제품을 선택하게 하는 힘이다. 고객의 판단 기준은 가격, 디자인, 성능 등으로 다양해졌다. 지금까지 일본은 이런 요소를 한데 섞은 '섞어찌개'식 제품만 제공해 왔지만, 글로벌화가 진행된 시대에 더 이상 섞어찌개는 필요 없다.

'이런 특징이 있었으면 좋겠다, 이런 것을 먹고 싶다'와 같은 소비자의 요구에 제대로 대응해서 고객이 그 제품을 선택할 만한 역량을 갖춰야만 한다. 품질도 설계 단계에서 이 정도의 품질이면 적당하다고 정하면 그 기준에 맞는 '적합품질'을 적용하면 된다.

미국에서는 첨단 기술을 보유한 많은 기업이 실리콘밸리에 본거지를 두고 있다. 애플, 인텔, 구글, 휼렛패커드, 어도비 시스템즈, 시맨틱스……. 나열하면 끝도 없다. 이들 기업에서 만드는 소프트웨어와 하드웨어가 전 세계에서 널리 사용되고 있음은 두 말할 필요도 없다. 실리콘밸리에는 세계 최고 수준의 두뇌들이 모여 있다. 그러나 여기에서 만들어지는 제품은 그다지 많지 않다. 실리콘밸리의 첨단기술을 보유한 기업 중 대부분이 중국이나 인도, 대만 등에 제조 부문을 맡기고 있다.

실리콘밸리에서 성공한 기업에는 저마다 성공을 거둔 이유가 있다. 구글의 경우 검색 엔진 분야에서는 후발 주자였다. 그러나 독자적인 프로그램을 개발해 검색 시에 링크가 많은 중요한 사이트부터 순서대로 정렬하는 사용자 중심의 새로운 기법을 제시했다. 항공에서 촬영한 사진 등을 데이터베이스화해서 소프트웨어를 판매하는 회사를 인수해 그 기술을 활용한 구글맵, 구글 어스를 발표했을 때에도 세간의 주목을 받았다. 이렇듯 고객이 무엇을 원하는지를 생각하고 다른 곳에서는 찾아볼 수 없는 특징적인 상품을 제공함으로써 후발 주자임에도 순식간에 시장 점유율을 늘려나갈 수 있었다.

앞에서도 언급했듯이 기술에는 '개발기술(과학기술)'과 '양산기술(산업기술)'이 있다. 개발기술이란 액정이나 플라즈마 같은 요소기술을 말하고, 양산기술이란 이에 대한 응용방법이라고 생각하면 알기 쉬운 것이다.

애플이 출시한 iPad는 대박을 터트렸는데, 그 제품을 만드는 것 자체는 어려운 기술이 필요 없다. iPad에는 iPhone과 같은 OS를 적용하여 기존제품에 있는 기술을 새로운 형태와 새로운 용도로 고안해 만든 제품이다. iPad 자체는 하드웨어이지만 이 제품은 산업기술, 애플리케이션 부문에 승부를 건 상품이다.

구글과 애플의 성공을 생각해 보면 주요제품의 성격은 달라도 발상 부문은 삼성과 비슷한 점이 있다. 고객에게 맞는 '요구사양'을 무엇보다 중시한다는 공통점이 있다.

요구사양을 고려하는 부분에서 일본은 뒤처진다고 생각할지도 모르지만, 최근에는 일본기업도 움직이기 시작했다.

니혼게이자이신문(2009년 3월 9일 자)에 실린 다음과 같은 제품이 그 예이다.

> **후지필름** — 아시아, 남미용 저가 디지털카메라
> **파나소닉** — BRICs를 겨냥한 백색 가전
> **히다치 어플라이언스** — 중국, 사우디아라비아 등 20개국의 현지 사양에 맞춘 대형 냉장고
> **고마쓰(고마쓰제작소)** — 중국 수출용 후방 선회 기능을 생략한 미니 굴착기
> **JUKI** — 중국, 인도 출시용으로 기능을 줄여 가격을 대폭 낮춘 기판 표면 실장기
> **이세키 농업기계** — 중국 시장을 겨냥해 가격을 3분의 1로 낮춘 콤바인
> **다이하쓰공업** — 인도네시아 수출용 자동차로 가격을 일본 대중 차 대비 40만 엔 낮춘 SUV 개발
> **혼다** — 아프리카 사양 2륜 자동차

'소비의 본질'에 대한 고찰

제품에 대해 생각하는 것은 '소비의 본질'을 생각하는 것이며, 이것이 각 기업의 향방을 좌우하는 열쇠가 된다.

지금 일본기업은 대형 가전제품 매장을 고객이라고 생각하는 것 같다. 각 사용자를 접할 기회 대부분을 잃어버리고 말았다. 기업은 팔면 끝이라고 생각하는 경향이 강해지고 있지만, 소비자는 사고 끝인 것이 아니라 사용해 보고 나서야 좋은지 나쁜지를 판단한다. 음식도 사서 냉장고에 넣어두기만 하면 맛있는지 맛없는지 모르는 것과 마찬가지이다. 가전제품에 빗대어 말하자면 조작하는 것은 먹는 것과 같다. 메인 기능은 물론이거니와 조작할 기회도 없는 기능은 먹지 않고 냉장고 안에서 썩고만 식품과 똑같다. 실제로 사용하는 기능만 소비되고 있다고 생각해야 한다.

이는 일본을 포함한 전 세계 어디에서 비즈니스를 전개해도 마찬가지이다. 해당 국가의 사용자가 정말로 소비하는 것과 요구하는 것을 고려해 그 부분을 충족시키는 상품을 제시하는 것이 비즈니스이다.

세탁기를 보면 최근 제품은 대부분 건조기능이 탑재되어 있다. 그러나 만약 인도에서 세탁기를 판매한다면 건조기능은 전혀 필요 없다. 이 기능을 사용하지 않아도 빨래하고 나면 순식간에 마르기 때문이다. 이와 비슷한 사례는 일본에도 있다. 외부의 유해공기 걱정이 없는 교외의 전원주택 경우에는 비싼 전기 요금을 내고 건조하는 것보다 햇빛에 말리는 것을 선호한다. 일본에서 주로 사용하는 일반 가정용 세탁기는 대부분이 전자동식이지만, 세탁이나 헹굼 처리를 하는 통과 탈수 통이 나누어져 있는 분리형 세탁기가 재조명 받고 있다. 2010년 중국의 하이얼이 일본에 수출하기 위해 분리형 세탁기를 판매하기 시작하자 교외의 전자제품 매장에서 인기 상품으로 올라선 실제 사례도 있다. 신기능을 개발하는 것만 생각하는 것이 아니라, 지금 어떤 기능이 필요한지 다시 되돌아볼 필요가 있다. 그만큼 소비의 본질을 고찰하는 것이 중요하다.

인도에서는 잠금형 냉장고가 잘 팔리는데, 이는 집에서 일하는 가정부가 음식을 자주 훔쳐서 그렇다는 이야기도 있고 원숭이가 문을 열고 냉장고 안의 음식을 먹기 때문이라는 이야기도 있다. 어떤 이유에서건 이 지역에서 냉장고를 판매하려면 고기능 제품보다 잠금 기능이 있는 단순한 제품이 훨씬 더 잘 팔린다는 점을 잊어서는 안 된다.

품질·가격·납기의 첫 글자를 딴 QCD(Quality/Cost/Delivery)는 모두 소비의 본질에 좌우된다. 특히 일본의 기업은 납기(Delivery/Time) 문제를 경시하고 있으며, 잘 팔리는 상품은 빨리 구매하지 못해도 어쩔 수 없다는 입장을 취하기 일쑤이다. 가령 자동차를 살 때 원하는 차를 주문하고 목이 빠지도록 차가 나오기를 기다리는 경우가 대부분이지만 다른 나라에서는 이런 일은 결코 없다. 차를 사려고 대리점에 갔을 때 원하는 차종과 색상의 차가 없으면 다른 대리점에 간다. 그 날 차를 사기로 마음 먹으면 그날 타고 돌아오는 것이 당연하기 때문이다.

일본에서는 재고가 나쁘다는 인식이 있는데, 이런 사고방식을 다른 나라에 적용하려고 해도 통용되지 않는다. 이 부분을 포함해 지역성과 민족성에 맞게 소비자의 요구를 파악하는 자세가 중요하다.

유기 EL과 전기자동차의 현주소

거듭 말하지만, 품질은 기업이 판단하는 것이 아니라 고객이 결정하는 것이다. 강연 등에서 이 이야기를 하면 충격을 받는 사람이 많은데 그런 반응을 보이는 시점에서 이미 늦은 것이다. 삼성은 이 점을 당연하게 받아들이고 있고, 세계시장에서 승부를 내고 있는 대부분의 기업도 이점을 확실히 인식하고 있기 때문이다.

소비자에게 거의 의미가 없는 부분의 품질에 연연하면 개발 속도가 현저하게 느려지므로 그대로 계속해서는 토너먼트전에서 이길 수가 없다. 인도에서는 어떤 세탁기가 인기가 있는가를 연구하고 답을 발견하면 신속하게 상품으로 만드는 '지정학적인 제품기획'과 '속도'가 토너먼트전에서 이기기 위한 필수 요건이다.

신흥국 시장에 한정된 이야기가 아니다. 예를 들어 현재 일본기업에서는 액정 TV의 백라이트에 LED를 사용하고 있다. 원래 소니가 개발한 기술로 당시에는 백라이트를 사용하면 가격이 상승하기 때문에 팔리지 않을 거라고 계속 망설이는 상황이었다. 그러나 이러한 상황을 삼성은 신속히 상품으로 만들어 내놓았다. 그리고 미국에서 '가격은 조금 비싸지지만, 에너지를 절약할 수 있도록 경제성을 고려한 제품'이라고 어필함으로써 소비자의 마음을 사로잡아 큰 히트를 기록하였다. 이후 일본의 각 기업에서도 LED를 사용하였지만 크게 뒤처지고 말았다.

삼성은 신흥국만을 시장으로 생각한 것이 아니라 어느 나라에서 어떤 제품이 잘 팔릴지를 파악하고 있었기 때문에 이와 같은 히트 상품을 선보일 수 있었다.

차세대 디스플레이라고 일컬어지는 유기 EL 시장에서도 비슷한 상황이 벌어지고 있다. 2001년 삼성과 NEC는 삼성-NEC 모바일 디스플레이 주식회사를 공동으로 설립해 유기 EL 사업에 나섰다. 하지만 가능한 빠른 단계에서 상품을 기획하는 삼성과 NEC의 의견이 맞지 않자 NEC는 2004년에 유기 EL의 관런 특허를 삼성에 양도하고 이 사업에서 사실상 철수했다. 삼성은 현재 패널 TV의 디스플레이를 유기 EL로 교체하는 준비를 마무리하고 있다. 이로 인해 일본기업은 다시 삼성에 큰 차이로 뒤처졌다.

전기자동차도 마찬가지다. 일본기업이 아직 갈 길이 멀다고 생각하고 하이브리드 자동차에 힘을 기울이는 사이 중국이 전기자동차 시장에 본격적으로 뛰어들었다. 한국에서도 전기자동차를 만들면서 닛산자동차는 바짝 쫓기는 신세가 되었다.

10년 후를 내다보기 위한 정보수집

새로운 분야라면 더욱 그렇지만 본격적으로 개발하는 시기가 늦어지면 거대한 시장을 잃을 수도 있는 것이 글로벌화가 진행된 후의 산업구조이다. 그만큼 의사결정 속도가 중요한 시대가 되었다.

일본의 경우 개발설계는 시간을 들여 천천히 진행하는 것이 당연한 관습으로 자리 잡아 대규모 투자를 해서라도 승부를 겨뤄야 하는 중요한 국면에서 주저하는 사례가 태반이다. 이것은 최근 토너먼트전에서 계속 고배를 마시는 요인이 되고 있다. 새로운 제조업으로 전환했을 때 이 방식이 성공을 거두면 선견지명이 있었다며 칭찬받지만, 실패하면 '시기상조였던 무모한 투자'라며 책임을 돌린다. 그러나 요즘 같은 시대에는 시기상조인지 아닌지 소극적으로 상황을 지켜보는 자세는 용납되지 않는다.

　일본인은 '신중함'을 미덕으로 생각하지만, 달리 말하면 '의사결정이 늦다'는 뜻밖에 되지 않는다. 의사결정이 늦어지지 않으려면 10년 후 또는 그 이후의 상황까지 파악해야 하며, 이를 위해 필요한 것이 '정보수집'이다. 정보를 수집하기 위해서는 참모의 존재와 선행 투자도 빼놓을 수 없는 요소지만, 리더 자신이 직접 발로 뛰는 것도 중요하다. 언론 관계자로부터 '삼성이나 LG의 CEO급 사람들을 몇 차례 만난 적이 있지만, 일본의 일류 기업 사장들은 만난 적이 없다'는 이야기를 들은 적이 있다. 한국기업의 최고경영자들은 언론 쪽에서 미리 연락해서 약속을 잡지 않아도 먼저 전화를 걸어온다고 한다. 그리고 '지금 일본은 어떤가?', '그 제품은 상황이 어떤가?' 등 일이 있을 때마다 확인한다고 한다.

　생각해 보면 내가 삼성에 있을 무렵에도 사내에서 사장의 모습은 거의 볼 수 없었다. 그만큼 세계 각지를 발로 뛰고 정보를 수집하고 있었던 것이다.

　일본기업에서는 이렇게 하면 사장의 결재가 필요한 서류가 산더미처럼 쌓이는 경우가 많을 것이다. 삼성에서는 CEO와 사장, 간부 모두 전 세계 어디를 가더라도 결재할 수 있는 IT 시스템을 구축했다. 이 시스템은 누군가가 간부의 사인을 흉내 내어 결재하려고 하면 바로 발각되도록 설계되어 있다. 이러한 부분에 IT를 도입함으로써 의사결정이 늦어지지 않도록 노력하고 있다.

  속도감을 잃지 않고 아낌없이 노력하며 승부를 겨룰 용기를 가지고 새로운 제조업에 대해 고찰해 나간다면 앞으로 역전할 수 있다.

제 6 장

[앞으로 일본이
나아가야 할 길]

일본인의
'세 가지 오만'

현대 일본인에게는 세 가지 오만을 엿볼 수 있다. '경영자의 오만', '기술자의 오만', '소비자의 오만'이 바로 그것이다.

경영자의 오만은 기술자를 포함한 종업원을 쓰다 버리는 경우 등을 꼽을 수 있다. 한국의 삼성이나 현대는 일본기업이 쓰다 버린 기술자를 재고용하고 그 기술을 활용한 다양한 시도를 성공하고 있다. 일본기업이 '사람'을 소중히 여기지 않기 때문에 일본기술이 외국으로 유출되고, 기술을 계승할 기회를 잃었다.

　기술자에게도 오만이 있다. 한마디로 말하자면 많은 기술자들의 사고가 경직되어 있다. 가장 좋은 예가 바로 자신이 개발한 기술은 절대로 남이 흉내 내지 못할 것이라고 생각하는 것이다. 제조업이 디지털화 된 지금은 새로운 기술이 나오더라도 대부분의 경우 세계 어디서든 같은 제품을 만들 수 있게 되었다. 또한, 디지털화의 장점을 살리면 다품종 소량생산도 어렵지 않다. 자사공장에서 생산하는 상품을 고집하지 않아도 신흥국에서 얼마든지 똑같이 생산할 수 있다. 그럼에도 변하려고 하지 않기 때문에 크게 뒤처지고 있다.

　소비자의 오만도 문제이다. 실제로는 사용하지 않는 기능이라도 새로운 기능이 많으면 많을수록 좋다는 식으로 끝도 없이 욕심을 낸다. 특히 휴대전화나 디지털카메라가 그렇다. 소비자의 이같은 태도에서 비롯되는 폐해가 적지 않다. 기능이 많은 상품을 원하는 소비자의 요구에 맞춰 기업은 비용이 비싼 신제품만 개발한다. 그래서 사용자가 사용하지도 않는 기능이 또 늘어나게 된다. 또한, 제품을 사용하는 도중에 문제가 생기면 무조건 기업책임으로 돌리는 경향이 있다. 제품이 금방 고장 나는 경우나 안전성에 문제가 있다면 그럴 수도 있다. 그러나 소비자에게 과실이 있을 법한 문제라도 기업책임으로 돌리는 사례가 많아서 기업에서는 신제품을 내놓을 때 필요 이상으로 신중을 기하게 된다.

　이 같은 상황이 지속되면서 일본의 속도가 뒤처지는 것은 물론이고 개발된 제품이 비슷하거나 비싼 제품에 치중되는 악순환을 낳고 있다.

　일본경제는 갈라파고스화 되었다는 주장도 있지만, 일본에서 유통되는 상품을 특징에 따라 진화시킨 것은 소비자라고 할 수 있다. 그리고 그 소비자들은 자신들의 요구에 맞는 상품이 넘쳐나는 일본에서만 살아갈 수 있게 되었다.

위기상황을 초래한 마이너스 요인

　일본의 제조업을 위기상황으로 이끈 요인은 두 가지로 나누어 생각해 볼 수 있다. 하나는 '경기변동에 따른 요인'이고 다른 하나는 '구조적인 요인'이다.

　경기변동에 따른 요인 중 가장 큰 문제점은 일본기업 대부분이 경기가 악화되면 무조건 연구개발비와 설비투자를 억제하는 것이다. 무모한 투자와 선견지명은 종이 한 장 차이라고 할 수 있지만 어려운 시기를 그저 참고 견뎌내는 것만으로는 다른 가능성을 발견할 수 없다. 돌다리도 두드려 보고 건너는 것은 그나마 낫지만, 돌다리를 두드리고 건너지 않는 자세를 취한다면 세계를 상대로 한 토너먼트전에서 이길 수 없다. 경기가 나쁠 때 방어적인 자세에 치우치면 경기가 회복되었을 때 경쟁력을 상실하고 만다.

구조적인 원인에 대해 말하자면 일본기업의 제조업은 지금까지 개개의 요소기술을 독자적으로 개량하고 고도화해서 하나의 제품이나 서비스로 특화하는 측면이 강했다고 할 수 있다. 제품마다 고유한 특색이 있던 시절에는 이런 제품을 만드는 것이 여러모로 유리했다. 그러나 글로벌화를 통해 상품의 가치와 제약조건이 다양해진 지금은 하나의 방향으로 제품을 특화하는 것은 유용하지 않다.

기존에는 생각하지 못했던 방향에서 새로운 가치관을 창출해야 하는 시대에 접어들었기 때문에 다른 곳에서는 찾아보지 못하는 독자적인 콘셉트를 많이 창출해 나가는 '창조경영'으로 전환할 필요성이 대두되고 있다.

'외적 경쟁력'과 '내적 경쟁력'

기업경쟁력은 소비자의 관점에서 '외적 경쟁력'과 '내적 경쟁력'으로 나눌 수 있다. 외적 경쟁력이란 디자인과 가격 등을 말하는 것으로 알기 쉽게 설명하자면 일반 소비자가 그 상품을 사고 싶다고 생각하게 하는 힘을 말한다. 잘 팔린다는 실적과 정보가 경쟁력에 힘을 실어주는 경우도 많으며, 광고효과나 브랜드 파워도 외적 경쟁력에 포함된다. 기업의 수익 역량도 소비자의 신뢰를 얻는데 직결되는 매우 중요한 외적 경쟁력이다.

이에 반해 내적 경쟁력이란 그 회사가 만드는 상품의 품질과 이를 지탱하는 생산방식, 기업체질을 말한다. 상품의 품질에 대해서는 소비자가 알고 있는 경우도 있지만, 품질 유지 방식은 소비자가 전혀 알 수 없다.

지금까지 일본기업은 제조업에서 내적 경쟁력을 기르는데 온 힘을 쏟았다. 물론 내적 경쟁력 부문에서는 지금도 세계 최고임이 틀림없다. 전 세계의 기업이 지금도 일본의 기술과 생산방식에 주목하고 있고, 배울 점이 많다고 여기고 있는 것도 사실이다. 그러나 이러한 상황에 만족한 채 글로벌 사회에서 앞으로 나아가기 위한 외적 경쟁력을 소홀히 하는 것은 역시 오만이다.

이러한 문제를 깨닫기 시작한 기업이 늘고 있는 것은 틀림없는 사실이다. 그러나 이 문제가 자사의 존속에까지 영향을 미치는 것으로 인식하고 필사적으로 매달리는 기업은 절대 많지 않을 것이다. 과거에 일본을 따라잡으려고 노력하던 삼성은 일본식 경영을 목표로 했었지만, 이 방식을 버리고 독자적인 노선으로 승부를 내기로 했다. 이때 외적 경쟁력 향상을 첫 번째 목표로 삼았고 이 목표를 달성함으로써 성공을 거두었다.

일본인은 지금도 소니나 파나소닉이 세계 최고 브랜드라고 굳게 믿고 있다. 그러나 신흥국에서는 이들 기업의 이름을 들어본 적도 없는 사람이 더 많을 정도이다. 신흥국은 세계적인 시장을 개척하고자 고려할 때 가장 중시해야 할 존재로 부상했지만, 신흥국에서 잘 팔리는 가전제품의 90% 정도는 삼성과 LG 등의 한국기업이 시장점유율을 독차지하고 있는 실정이다. 그래서 소니나 파나소닉보다 삼성과 LG의 이름이 훨씬 더 잘 알려져 있다. 이러한 상황이 장기화된다면 신흥국 사람들 사이에서는 삼성과 LG야말로 세계 최고 브랜드라는 인식이 깊게 자리 잡을 것이다. 현재 신흥국에서 잘 팔리는 한국제품을 일본의 최고 브랜드와 비교해 보면 품질은 떨어지더라도 가격이 훨씬 싼 제품이 많다. 이점은 신흥국 사람들이 바라는 것과 일치한다.

그리고 이런 현재 상황은 앞으로 신흥국 사람들이 경제적으로 풍요로워졌을 때 영향을 미친다. 그때 삼성과 LG가 저가제품이 아닌 고급제품으로 승부를 겨루게 되면 신흥국 사람들은 이전과 마찬가지로 일본제품보다 삼성이나 LG 제품을 고를 가능성이 크다. 왜냐하면, 가격이 비슷해지더라도 그들은 삼성과 LG야말로 세계 최고 브랜드라는 인식을 가지고 있기 때문이다.

지금 일본기업은 위기감이 아닌 위기의식을 가져야 한다. 그리고 현재 상황을 타파하지 않으면 한순간에 뒤처지고 만다는 점을 명심해야 한다.

일본기업의 무기와 경쟁력

과거에 삼성은 필사적으로 일본을 따라잡으려고 애쓰던 업체 중 하나에 불과했다. 제일 앞서 나가는 기러기 뒤를 V자형으로 줄지어 뒤쫓아 가는 기러기 떼를 보는 듯했다. 삼성뿐만 아니라 한국의 다른 기업이나 중국기업도 이런 식으로 일본을 쫓아 왔다. 그러나 기러기 무리를 벗어나 자신이 생각하는 방향으로 날기 시작한 후에는 세계 일류 기업이 되었다.

현재 삼성의 우위적인 입장은 절대적이지 않다. 앞으로 중국기업을 필두로 많은 기업이 삼성을 모방해 신흥국 시장에서 비즈니스를 전개할 가능성이 크다. 게다가 중국 뒤를 인도가 바짝 쫓아 세를 확장하는 상황도 어렵지 않게 상상할 수 있다. 신흥국 사람들이 고품질 제품을 추구하게 되었을 때 지금까지 구축한 브랜드 인지도만으로 제품이 통용될 것이라고 장담할 수도 없다. 삼성은 위기상황에 놓여 있다고 할 수 있으며, 삼성의 간부들은 이 사실을 잘 알고 있고 위기의식을 가지고 있다. 더욱 강력한 브랜드 역량을 추구하기 위해 다양한 노력을 기울이는 등 '차세대 전략 마련'에 여념이 없다.

일본기업이 가진 내적 경쟁력도 삼성이 두려워하는 것 중 하나이다. 내적 경쟁력을 버리고 외적 경쟁력을 키우는 것에만 집중하라는 말은 아니다. 내적 경쟁력 부문에서 일본기업이 우위를 점하고 있다는 점은 틀림없는 사실이기 때문에 이를 잘 활용해 글로벌화 시대에 대응할 수 있는 전략을 구축해 나가야 한다고 제안하고 싶다.

글로벌 시대의 경쟁에서 이기기 위해서는 이를 위한 전략이 필요하다. 어느 기업이라도 당연히 장단점이 존재하기 때문에 장점을 살리지 않으면 이길 수 없다. 일본기업이 지금까지 축적해 온 기술과 경험은 버려야 하는 대상이 아니라 중요한 무기이다. 지금은 이 무기를 경쟁력으로 잘 살리지 못하고 있는 점이 안타깝지만, 경쟁력으로 잘 살리는 방법을 발견한다면 상황을 단번에 뒤집을 가능성도 충분히 있다.

세계 각지에 상품을 팔기 위한 '기획 개발'

일본의 무기는 내적 경쟁력이라는 강인한 기초 체력이다. 이 체력이 아직 남아있을 때 시대에 맞게 체력을 발휘해 나가는 방법을 생각해야 한다. 이를 위해서는 역시 다양해진 시장의 요구에 맞춰 상품을 개발해야 한다. 가능한 많은 정보를 수집하고 무엇이 잘 팔리는 상품인지 생각한다면 '우수한 기술력'을 보유한 만큼 경쟁에서 우위를 점할 수 있다. 예를 들어 대형 의류업체인 퍼스트 리테이링(유니클로)이 도레이와 공동 개발한 신소재 상품인 '히트텍' 시리즈는 일본에서 큰 히트를 기록했을 뿐만 아니라 전 세계에서 많은 인기를 얻었다. 이런 상품은 앞으로 신흥국에서도 인기 상품이 될 가능성을 내재하고 있다. 가격이나 소재 측면에서 연구를 계속하면 더욱 싼 상품을 내놓을 수도 있고 그렇게 되면 신흥국에서도 잘 팔릴 것이다.

앞 장에서도 언급했듯이 일본기업도 최근에는 '요구사항'을 고려한 상품을 선보이고 있다. 가전제품을 예로 들자면 파나소닉이 브라질을 겨냥해 휴대용 대 음향 미니 컴포넌트를 판매해 히트 상품이 되었다. 브라질이 삼바의 국가라서 잘 팔렸다. LG가 이슬람 국가에서 코란이 나오는 TV를 히트시킨 것과 마찬가지로 지금 요구되고 있는 것은 현지의 요구에 맞춘 상품개발이다. 그리고 일본의 기술이라면 틀림없이 어떤 방향으로든 응용할 수 있을 것이다.

가전제품은 아니지만 고마쓰는 중국수출용 소형굴착기를 개발했다. 일본에서는 필수적인 후방 선회기능을 생략한 제품이었다. 중국은 땅이 넓어서 굴착기의 암(arm)을 뒤로 작게 되돌릴 필요가 거의 없으므로 그 기능을 생략해서 소형화할 수 있었고 안전성을 높이고 가격을 낮출 수 있었다. 이러한 방식은 인도에서 에어컨과 냉장고를 판매하는 방침과 비슷하다. 중요한 것은 현실적인 수요를 바라보는 관점이다.

내적 경쟁력을 활용한 인프라 사업

신흥국에 진출하는 것만이 방법은 아니다. 이것은 하나의 방법론에 불과하다. 중요한 것은 앞으로의 시대적 동향을 잘 파악하고 변화의 흐름 속에서 승부를 낼만한 곳을 찾는 것이다.

앞으로 일본이 경제를 회복하는데 관건이 되는 것은 '인프라 관련 시스템 수출 사업'이다. 신흥국은 물론이고 전자제품 분야에서 이미 일본 대기업의 아성이 흔들리고 있는 한국에서도 인프라가 충분히 정비되어 있지 않다.

신흥국은 우선 교통망이 발달되어 있지 않기 때문에 고속철도와 지하철을 포함한 철도 수출이 매우 큰 비즈니스가 될 것이다. 또 한국은 하수도가 완전히 정비되어 있지 않기 때문에 상하수도 인프라와 정수기술을 수출하는 것도 대규모사업으로 부상할 것이다. 특히 원자력 발전소에는 큰 잠재력이 내재되어 있다. 아부다비 원전 건설은 한국에 주도권을 뺏겼지만 해외 비즈니스 기회는 이 밖에도 많이 있다. 아부다비의 사례와는 반대로 한국의 수주가 결정되기 직전에 있었던 터키 원전 건설은 도시바가 유리한 입장으로 역전했다고 한다. 또한, 중동 요르단의 원전 건설 수주에 앞장서고 있는 미쓰비시중공업은 2025년까지 해외에서 원전 30기 건설계약 수주를 실현 가능한 목표로 삼고 있다. 신흥국에서는 인도, 중앙아시아에서는 카자흐스탄, 선진국에서는 핀란드, 스웨덴, 영국, 스위스 등으로 진출할 것으로 예상된다.

휴대전화나 기타 가전제품은 몇 년 지나면 망가지는 것이 당연하다고 여겨지는 부분도 있지만, 인프라에서는 이런 생각이 허용되지 않는다. 50년, 60년 동안 사용해야 하는 만큼 신뢰가 가는 일본의 내적 경쟁력을 활용할 수 있을 것이다.

경제 산업성은 일본산업의 미래상에 대해 제시한 '산업구조 비전 2010'에서 일본산업의 정체를 직시하고 '범국가적으로 산업의 국제 경쟁력 강화에 나서야 할 필요가 있다'는 견해를 밝혔다.

그리고 자동차·전자에 치우친 '일원화 구조'에서 차세대 전략 산업 분야인 '야츠가다케 구조'(야츠가다케 지역의 산업 등 지역을 중심으로 한 다각적 산업 창출을 목표로 하는 산업 구조-옮긴이)로 전환해야 한다는 목표를 세웠다.

차세대 전략 산업 분야란 다음 다섯 가지를 말한다.

1. 인프라 관련 시스템 수출(원자력, 물, 철도 등)
2. 환경·에너지 과제 해결 산업(스마트 커뮤니티, 차세대 자동차 등)
3. 문화산업대국(패션, 콘텐츠, 음식, 관광 등)
4. 의료·복지·건강·육아 서비스
5. 첨단 분야(로봇, 우주 등)

이들 분야를 강화한다는 것은 '고기능·단일 제품 판매형 산업'에서 '시스템 판매/과제 해결형/문화 부가가치형 산업'으로 이행하는 것을 목적으로 삼는 것을 의미한다.

이러한 움직임 속에서 독창적인 신기술 개발이 요구될 뿐만 아니라 기존의 기술을 진화시켜 나가는 것이 중요하다. 그렇게 하면 지금까지 일본이 축적해 온 내적 경쟁력을 발휘할 수 있을 것이다.

'문화산업대국'과 생각하는 힘

미래의 가능성이 인프라 관련 시스템 수출 사업에만 한정된 것은 아니다. 예를 들어 '산업구조 비전 2010'에서 내세운 전략산업 분야에 '문화산업대국'이라는 항목이 있다. 이 항목에는 '패션, 콘텐츠, 디자인, 식품, 생활용품(화장품, 실내장식, 완구, 문구 등), 관광 등 문화산업의 소프트 파워를 활용

1. 글로벌 제조업 이외의 산업을 해외 마케팅에 활용
2. 제조업과 서비스업의 울타리를 넘어 사회적 과제(환경·고령화·육아)의 수요에 대응

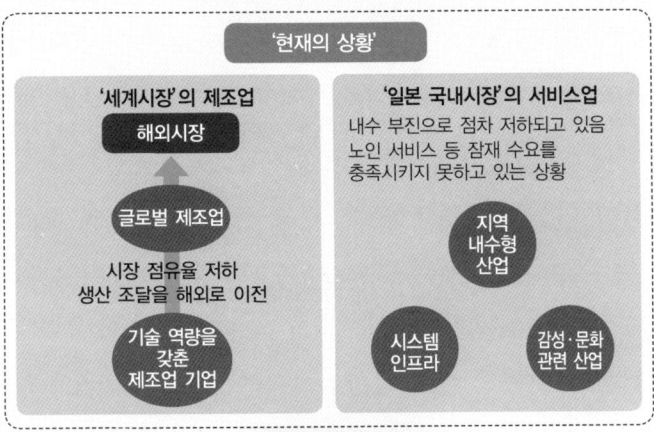

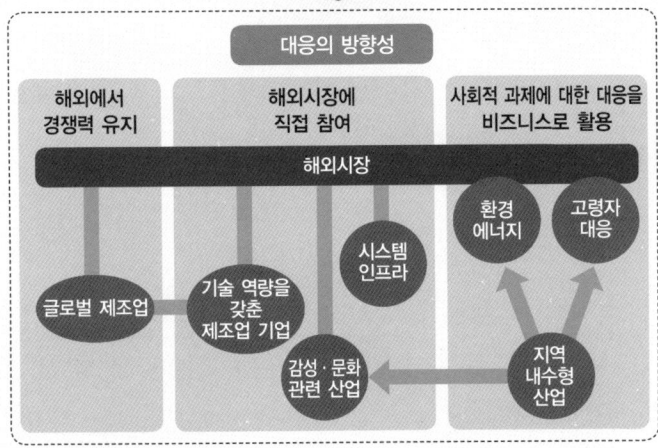

그림9 일본의 미래를 창출하는 전략 분야와 방향성

해 일본문화의 매력이 융합된 제품과 서비스를 세계에 제공하는 것이 향후 일본산업 발전의 중요한 관건이 될 것'이라는 설명이 있다. 이런 요소 사업이라면 대기업뿐만 아니라 많은 기업과 개인이 해외마케팅에 활용 가능한 방법을 생각해 낼 수 있다. 애니메이션과 만화, 초밥, 덴뿌라 같은 일본 음식, 오타쿠 문화, 일본 료칸의 접대문화에 바탕을 둔 서비스 등은 모두 '귀중한 자원'으로 여겨지고 있다.

또한, 고령화는 일본뿐만 아니라 서구 선진국, 중국과 한국은 물론 신흥국에서도 진행되고 있다. 의료, 생활지원 분야에 대한 서비스 수요는 앞으로 더욱 커질 것이므로 이 부분에서도 지금까지 일본이 쌓아 올린 기술과 경험을 활용할 수 있다. 의료·복지·건강·육아 서비스 같은 분야에서는 인재를 파견하는 형태가 아니라도 '노하우 수출'이 가능해질 것이다.

경제 산업성에서 말하는 바와 같이 산업 구조의 전환을 고려한다면 반드시 밝은 미래를 개척할 수 있다. 중요한 것은 생각하고 고심하는 것이다. 진지하게 생각하고 진정으로 고심한다면 아이디어가 나올 것이다. 그렇지 않으면 사고하는 힘을 잃게 된다. 다른 사람에게 배우기만 하거나 주위에 휩쓸려서는 아무런 성과도 낼 수 없다.

향후 10년을 위해 고뇌하는 창조경영

새로운 무언가를 시작하기 위해서는 돈과 시간이 드는 경우가 많다. 마쓰시타 고노스케가 말한 것과 같은 '손해 보고 이득을 보라'라는 정신이 요구된다. 또한, 지금까지 일본이 쌓아 올린 지위를 지키려는 마음이 강하면 신흥국 시장을 개척하려는 공격적인 자세를 취할 수 없다. 이 때 중요한 것은 실패를 두려워하지 않는 용기이다.

내 나름대로 표현하면 한국은 '돈과 배짱과 다른 제품의 좋은 점을 활용'하고, 중국은 '돈과 위협과 다른 제품의 좋은 점을 활용'함으로써 현재의 글로벌 전쟁 속에서 1위 자리를 놓고 다투게 되었다. 이에 반해 일본은 돈은 있어도 배짱이 없다. 위협까지 할 필요는 없더라도 다른 사람의 장점을 배우려고도 하지 않는다. 이래서는 승부를 낼 수 있을 리가 없다.

무언가를 얻기 위해서는 '쓰라린 고통'이 필요하다. 이건희 회장이 삼성 개혁에 나섰을 무렵 70세를 넘은 노인처럼 보일 정도로 초췌한 모습이었다는 것은 이미 언급한 바 있다. 이러한 고통 속에서 전략을 발견하고 세계시장에서 승부를 낼 수 있는 조직을 구축했다. 어렵사리 손에 넣은 성공이지만 잠시라도 한눈을 팔면 금세 모든 것을 잃게 된다는 점도 잘 알고 있다.

'향후 10년을 위해 고뇌하는 것이 창조경영'이라고 이건희 회장은 말했다. 실제로 실적이 올랐다는 이유로 향후 10년에 대한 고뇌를 게을리했던 경영 간부를 물갈이 했던 적도 있었다. 눈부신 성공을 거두고 있는 삼성에서 일어난 일이라는 점을 잘 생각해 보기를 바란다.

조금 다른 이야기지만 현재 서울에는 약 8,500명의 일본인이 살고 있다. 대부분 비즈니스를 위해서 서울에 체재하고 있는데 그들은 거의 한강 근처에 있는 일본인 마을에서 살고 있다. 그곳에는 일본인 학교가 있을 정도로 한국 내에서도 일본에서 생활하는 것처럼 지낼 수 있다. 그리고 사실대로 말하자면 일본인이 비즈니스를 하기 위해 한국에 주재하더라도 직접 한국인과 만나서 일에 관해 이야기를 나누는 경우는 극히 드물다. 이와 같은 주재 생활에서 얼마나 많은 것을 흡수할 수 있을까? 이는 아무도 의지해서는 안 되는 삼성의 지역전문가 현지 연수와는 정 반대 상황으로, 일본에서 지방으로 전근을 간 것과 별반 차이가 없다고도 할 수 있다.

나는 삼성에서 근무했을 때 일본인 마을에서 살지 않고 일부러 서울의 시가지에 거주했다. 일본어로 이야기할 때도 있었지만 서툰 한국어를 조금씩 외워서 나중에는 한국어로도 대화를 나눌 수 있게 되었다. 이렇게 끊임없이 노력함으로써 부하나 동료와 함께 술을 마시러 가거나 흉금을 터놓고 이야기하면서 한국의 문화를 배우게 되었다. 일본인 마을에 거주하면 두

말할 필요도 없이 다른 나라에서 생활하더라도 어려움 없이 지낼 수 있다. 그러나 아무런 불편 없는 상황보다도 다양한 역경에 부딪히는 생활에서 얻는 것이 확실히 더 많다.

편한 길만 선택해서 고생을 피하려고 하면 아무것도 얻을 수 없다. 한국이 IMF 위기에 직면했을 때 한국 국민 한 사람 한 사람이 금 모으기 운동에 동참해 외화를 벌었고, 슈퍼마켓과 식당이 평소보다 가격을 낮춰 소비자를 돕는 등 여러 노력을 통해 심각한 상황에서 벗어날 수 있었다. 그 당시 정부 주도로 금 모으기 운동이 이루어졌던 것이 아니라 개개인이 자발적으로 참여했다. 즉 국민 한 사람 한 사람의 자발적인 행동으로 '6·25 이후의 최대 국난'을 극복할 수 있었다.

지금 일본에 필요한 것 역시 기다리는 것이 아니라 나서는 것이다. IMF 위기 때의 한국에 지지 않을 만한 '위기에 맞서는 결사적인 행동'이야말로 현 상황을 타파할 수 있는 원동력이 될 것이다.

일본의 미래와 의사결정 속도

거듭 말하지만, 현재의 일본, 그리고 일본 기업은 명확한 위기의식이 없다. 일본 전자업계의 1등 기업이 삼성에 추월당한 것이 현실이다. 그렇다면 이 현실을 외면하지 말고 어떻게 이 상황을 타개할 수 있는가를 생각해야 한다.

이를 위해서는 어떻게 해야 하는가? 이 답은 쉽게 찾을 수 없다. 이건희 회장이 그랬듯 '목숨을 건다'는 표현이 어울릴 정도로 끝까지 고심하고, 스스로의 힘으로 해답을 찾을 수밖에 없다.

다만 이런 상황에서도 '글로벌화로의 이행'과 '철저한 위기의식'은 절대적인 키워드로 자리 잡아야 한다. 그리고 기업 입장에서는 '글로벌 시장에서 적응할 수 있는 조직 능력 구축', '글로벌 인재의 육성', '현지, 현지재료, 현지인 체제', '글로벌 경쟁에 대응한 IT 활용과 최적화'에 주력해야 한다. 현재 기업 내의 제도를 연장하거나 조정하는 등의 방법을 고려할 것이 아니라, 완전히 새로운 체제를 고안해야 한다. 이 체제는 모방이 아닌 독자적인 모습이어야 한다. 그리고 '의사 결정 속도를 향상시켜야 한다'는 점을 반드시 기억해야 한다. 이 점이 개선되지 않는 한 조직 체제를 어떤 식으로 바꾸든 글로벌 경쟁에서 이길 수 없다는 점을 깨달아야 한다. 그만큼 속도가 절대적인 의미를 지니는 시대가 되었다.

알껍데기는 스스로 깨야 한다

지금까지 일본의 제조업은 과거의 성

공체험과 고정관념, 기존 방식, 타성, 이기주의, 편협한 마음가짐, 오만과 같은 알껍데기에 싸여 있었다. 그러나 이 알껍데기는 스스로 힘으로 깨야 한다. 다시 한 번 제조업의 본질을 재정의하고 열정과 애정을 담아 앞으로 나가는 것이 껍데기를 깨는 원동력이 된다.

'스스로 알껍데기를 깨면 생명을 지닌 새가 되지만, 다른 사람이 깨면 계란 후라이밖에 되지 않는다.'

나는 삼성에 재직했던 시절과 일본으로 돌아와 많은 일본기업인을 만난 지금도 이 말을 수없이 입에 담고 있다. 기업과 조직 그리고 한 사람 한 사람의 인간은 누구나 자신만의 알껍데기를 가지고 있다. 때에 따라 그 껍데기를 깨서는 안 된다고 생각하는 경우도 있을지도 모르지만, 이것은 잘못된 태도이다. 이런 고정관념이 존재할수록 누구보다도 앞장서서 껍데기를 깨야 한다.

우선 자신의 껍데기를 깨는 일부터 시작해서 더 나아가 앞으로 사회와 산업구조가 바뀌었을 때 어떻게 대응해 나가야 할지 생각해야 하는 시대가 되었다.

[마치며]

　일본은 '기술대국', '제조업 대국'이라는 이야기를 들어 왔지만, 일본제품이 세계시장을 석권한 것은 이미 과거의 이야기가 되었다.
　전자제품 분야 등에서도 지금까지는 '메이드 인 재팬'이 신뢰의 상징이었다. 그러나 지금은 삼성전자를 비롯한 한국기업들의 약진에 밀려나는 모습이 두드러지고 있다. 휴대전화, 패널 TV와 같은 최첨단 기술 관련 상품 분야에서도 글로벌 시장에서 일본기업의 시장점유율은 부진을 면치 못하고 있다.
　왜 이런 사태에 이르렀는지는 지금까지 언급한 그대로이다. 최근 10여 년 동안 '글로벌화'와 '디지털화'가 급속히 진행되며 세계 산업을 둘러싼 환경이 크게 변했음에도 불구하고 일본기업들은 이에 제대로 대응하지 못했기 때문이다. 물론 2008년에 일어난 리먼 사태의 영향도 컸던 것은 틀림없는 사실이다. 그러나 그로부터 4년이 훌쩍 지난 지금도 여전히 불황에 허덕이고 있는 모습만 보더라도 부진한 이유가 따로 있다는 사실을 잘 알 수 있다.

먼저 일본 경제가 후퇴하게 된 것은 자신의 책임이라는 점을 자각해야 한다. 세계가 크게 변하는 가운데 일본은 '우물 안 개구리'였다. 최근 자주 언급되는 이론이기 때문에 새롭게 설명할 필요도 없겠지만 한마디로 말하자면 환경의 변화를 눈치 채지 못하고 뒤처지고 말았다.

한 예로 뜨거운 물에 개구리를 넣으면 놀라서 뛰쳐나가지만 미지근한 물에 개구리를 넣고 조금씩 열을 가하면 개구리는 도망가지 않는다. 서서히 물이 뜨거워지는 것을 자각하지 못한 채 물이 끓을 때에는 도망갈 힘을 잃고 그대로 죽고 만다는 이야기가 있다. 한국의 경우 시대의 변화를 빨리 파악하고 신속하게 대응했기 때문에 크게 성장해 나갈 수 있었다. 그러나 일본기업은 이 변화를 너무 경시한 탓인지 대응을 서두르지 않았다. 그 결과 불과 몇 년 전에는 상상하지도 못했던 역전현상이 일어났다. 한국은 '돈과 배짱 그리고 다른 좋은 점'하고, 중국은 '돈과 위협 그리고 다른 제품의 좋은 점'으로 현재의 글로벌 경쟁에서 1등 자리를 놓고 경쟁하게 되었지만, 일본은 '전통과 전승을 중시하다가 지고 나서 억울해하는 전략'을 취해 왔다고 할 수 있다.

일본에서는 한 번 '형태'를 정하면 그 형태 내에서 길을 모색하는 즉, 전통을 중시하는 경향이 강해졌다. 이는 다도, 유도, 검도와 같은 전통문화뿐만 아니라 기업문화에서도 마찬가지다. 사회적인 환경이 바뀌어 조금씩 변화를 느끼는 상황이 와도 정해진 형태에서 벗어나기를 주저한다. 변명이 많고 패배에 대해서 억울하게 생각하는 면이 강한 것도 특징 중 하나로 꼽을 수 있지만 글로벌 경쟁이 벌어지는 상황에서 이러한 점이 악영향을 미친다는 점은 두말할 필요도 없다.

이 같은 마이너스 요소가 글로벌 경쟁에서 뒤처지는 결과로 나타나게 되었다. 현재의 역전현상은 기술력 부문에서의 역전을 뜻하는 것은 아니다. 지금부터라도 환경변화에 대응해 나가면 일본 산업이 세계를 다시 주도할 수 있을 것이다.

'글로벌화'와 '디지털화'로 인해 제조업 환경은 크게 바뀌었다. 이러한 상황 속에서 살아남기 위해서는 변화에 맞는 전략을 펼쳐야 한다. 지구 상에서 오래 살아남는 생물은 '강한 생물이 아닌 환경에 가장 잘 적응하는 생물'이다.

일본 기업은 먼저 이 점을 명심해야 한다. 이미 글로벌화에 대응하고 있다고 자신 있게 말하는 기업도 다시 한 번 방향성을 되돌아보고 '더 좋은' 대응은 없는지 생각해 볼 필요가 있다. 일본의 제조업은 자신감을 상실했던 시기를 극복하고 어느 정도 안정을 되찾아가는 상황이다. 그러나 지금까지 언급했던 바와 같이 삼성이 전략을 전환한 것과 비교해 본다면 자사의 방식이 가장 좋은 대책이라고 당당하게 말할 수 있는 일본기업은 어디에도 없을 것이다.

여기에서 다시 한 번 '제조업의 본질'에 관해 생각해 보았으면 한다. 제조업은 단순히 제품을 만드는 것이 아니다. 고객의 입장에서 가치 있는 설계정보를 '제품으로 담아내는 것'이다. 이 점을 충분히 이해했을 때 비로소 제조업은 공장과 같은 생산현장에 갇힌 프로세스에서 벗어날 수 있다. 개발, 구매, 생산, 판매의 각 현장이 연계되고 본사와 경영 상층부, 공급망, 판매점, 고객이 한데 어우러지는 '열린 프로세스'가 완성된다.

기업은 고객을 만족 시키는 설계정보(부가가치정보)를 창출하고, 고객은 그 설계정보를 구매하고 소비한다. 개발, 구매, 생산, 판매는 모두 고객으로 향하는 '설계정보의 흐름'에 관여하게 되고 이를 뒷받침한다. 고객에서 시작해서 고객으로 끝나는 '설계정보의 흐름'을 관리·개선·진화시키는 기업 활동 전체가 바로 '제조업'이다. 이 점을 이해하면 글로벌화가 진행된 사회 속에서 나아가야 할 방향이 보일 것이다.

또한 '제조업은 인재육성부터'라는 말도 있듯이 제조업의 기술과 지식을 전승해 나가야 한다. 현장에 있는 30~40대의 핵심인재는 현장의 업무와 개선 및 지도 작업에 시간을 뺏겨 여유가 없는 것이 사실이다. 이 때문에 정년퇴직을 곧 앞둔 50대를 중심으로 재교육이 이루어지고 산업을 넘어 지도와 학습을 담당할 수 있는 인재를 양성할 필요가 있다. 이 연령대의 사람들은 '내가 속한 공장의 일이라면 뭐든지 알고 있지만 다른 회사를 지도하지는 못한다'는 생각을 하는 사람들이 많은데 바로 이 고정관념을 타파해야 한다. 이런 사고방식은 그야말로 '알껍데기' 중 하나에 불과하기 때문이다.

예를 들어 도쿄대 제조업 경영연구 센터에서는 경제 산업성의 산학연계 제조핵심 인재육성사업의 하나로 2005년에 '도쿄대 제조 지도자 양성 스쿨'을 마련했다. 이는 제조업현장이 폐쇄적이라는 잘못된 인식을 바로잡고 '제조업의 지식은 산업의 울타리를 넘어야 지도할 수 있다'는 인식을 정착시키는 것을 목적으로 삼고 있다. '제조업의 기술'은 세계를 넘어서 기업규모의 차이를 극복했을 때 공유된다. 현장끼리 서로 지식을 알려주고 배우면 조직 학습의 선순환이 창출된다. 그 결과 서로 다른 현장과 기업, 산업 혹은 대학과 중소기업, 대도시권과 지역권이 제조업 지식의 끈으로 하나로 연결된다. 전국의 현장에서 '제조업 혁신'이 일어나고 조직 능력이 향상되어 생산성이 올라간다. 타 산업 및 타 기업과 연계한 인재육성은 일본산업 전체를 되돌아보게 할 뿐만 아니라 각 기업이 글로벌화 경쟁에서 이기기 위한 준비에도 큰 도움이 된다.

이 책에서는 '외적 경쟁력', '내적 경쟁력'이라는 표현을 사용했지만, 세계시장에서는 보이지 않는 부분에 해당하는 내적 경쟁력을 소비자들이 쉽게 이해하지 못하는 것이 사실이다. 그런 뜻에서 말하자면 삼성전자의 외적 경쟁력인 '납기 중시 전략', '현지수요에 바탕을 둔 세분화 된 상품설계', '시장정보수집', '인재육성', '정보전략' 등을 겸허히 배우는 자세를 가지는 것이 중요하다.

다만 그렇다고 해서 한국에 졌다고 위축될 필요는 없다. 일본기업이 압도적인 잠재력을 지니고 있는 것 또한 사실이기 때문이다. 일본이 축적해 온 기술력은 앞으로 2년, 3년 후에 한국과 중국, 신흥국에 밀릴 정도로 얕은 수준이 아니다. 기술력을 통한 시장 주도를 절대적인 무기로 삼아 앞으로 어떻게 활용할 것인가 방법을 모색하는 것이 중요하다. 앞에서 몇 차례 언급했듯이 글로벌 경쟁에서는 속도가 무엇보다 중요하다. 이 점을 명심하고 일본의 기술력이 잠재적인 장점으로 남아있을 때 변화를 거듭해 확실히 대응해 나가야 한다.

이 때 '제조업', '인재육성', '기술력'과 같은 요소가 향방을 좌우하는 키워드이다. 다른 사람으로부터 얻을 수 있는 것은 고작해야 힌트정도이다. 알껍데기는 스스로 깨지 않으면 의미가 없으므로, 끝없이 고민하고 고심하고, 여러분 각자가 해답을 발견해 나가길 바란다. 이 키워드가 뜻하는 바를 제대로 이해한다면 반드시 밝은 미래가 다가올 것이다.

중앙경제평론사
중 앙 생 활 사

Joongang Economy Publishing Co./ Joongang Life Publishing Co.

중앙경제평론사는 오늘보다 나은 내일을 창조한다는 신념 아래 설립된 경제·경영서 전문 출판사로서 성공을 꿈꾸는 직장인, 경영인에게 전문지식과 자기계발의 지혜를 주는 책을 발간하고 있습니다.

삼성의 결정은 왜 세계에서 제일 빠른가

초판 1쇄 발행 | 2012년 11월 27일
초판 2쇄 발행 | 2013년 1월 17일

지은이 | 요시카와 료조(Ryozo Yoshikawa)
옮긴이 | 엄예선(Yesun Eom)
펴낸이 | 최점옥(Jeomog Choi)
펴낸곳 | 중앙경제평론사(Joongang Ecnomy Publishing Co.)

대　　표 | 김용주
책임편집 | 문희언
본문디자인 | 김경아

출력 | 영신사　종이 | 타라유통　인쇄·제본 | 영신사

잘못된 책은 바꿔드립니다.
가격은 표지 뒷면에 있습니다.

ISBN 978-89-6054-098-9(13320)

원서명 | サンスンの決定はなぜ世界一速いのか

등록 | 1991년 4월 10일 제2-1153호
주소 | ㉾100-826 서울시 중구 다산로20길 5(신당4동 340-128) 중앙빌딩 4층
전화 | (02)2253-4463(代)　팩스 | (02)2253-7988
홈페이지 | www.japub.co.kr　이메일 | japub@naver.com | japub21@empas.com

♣ 중앙경제평론사는 중앙생활사·중앙에듀북스와 자매회사입니다.

이 책은 중앙경제평론사가 저작권자와의 계약에 따라 발행한 것이므로 본사의 서면 허락 없이는 어떠한 형태나 수단으로도 이 책의 내용을 이용하지 못합니다.

▶ 홈페이지에서 구입하시면 많은 혜택이 있습니다.

※ 이 도서의 **국립중앙도서관 출판시도서목록(CIP)**은 e-CIP 홈페이지(www.nl.go.kr/cip.php)에서 이용하실 수 있습니다.(CIP제어번호: CIP2012004995)